Kerstin und Kai Gerling

Das verflixte erste Hundejahr

Das Mutmachbuch für alle, die ihren ersten Welpen haben

KOSMOS

Inhaltsverzeichnis

Liebe zukünftige oder gegenwärtige Ersthundebesitzer,

eigentlich wollten wir dieses Buch „Wie wir es schließlich doch noch geschafft haben, unseren Hund (beinahe) zu erziehen“ nennen. Dieser Titel erschien uns dann aber doch ein wenig zu umständlich, obwohl er eigentlich genau das ausdrückt, was wir Ihnen erzählen möchten: Wie wir nämlich das erste Jahr mit unserem ersten Hund verbracht haben. Wie wir – theoretisch bestens vorbereitet – versucht haben, unser Wissen in die Praxis umzusetzen. Wie wir daran allzu oft gescheitert sind. Und wie wir schließlich unseren eigenen Weg gesucht und dann auch gefunden haben.
Dieses Buch erhebt deshalb keinen Anspruch auf Allgemeingültigkeit, sondern beschreibt vielmehr unsere ganz individuelle Sicht der Dinge – kann sein, dass es bei Ihnen ganz anders läuft! Aber wir würden uns freuen, wenn wir Ihnen ein Stück weit Mut machen können mit Ihrem ersten Hund, wenn wir Sie an unseren Erfahrungen teilhaben lassen können und nicht zuletzt: Wenn wir Sie wenigstens gut unterhalten können!

Vorwort von Crosby

Ich verstehe die ganze Aufregung nicht. Es könnte doch alles sooo einfach sein! Wenn ich nicht dauernd machen müsste, was mir meine Menschen vorschreiben, wär' die Sache gegessen! Mein Appell an euch Leser: HUNDE AN DIE MACHT! Ihr erspart euch jede Menge Erziehungsstress! Lehnt euch zurück, macht einen Platz auf dem Sofa frei, zahlt brav meine Hundesteuer und entspannt euch.

In diesem Sinne, euer CROSBY

Die Autoren
Links sehen Sie Kerstin, die gerade umgefallen ist, nachdem Crosby sie direkt vom Tisch angesprungen hat. Meine Wenigkeit hindert unseren Kleinen in diesem Moment daran, den Fotografen als nächsten anzuspringen.

Noch ein ganz persönliches Wort

Ich sage es Ihnen ganz ehrlich: Ich hätte es mir leichter vorgestellt, einen Hund zu haben. Ich habe gedacht: Naja, der wird sich schon eingewöhnen, und dann geht das Leben weiter wie gehabt. Schwer danebengegriffen! Was ich nicht bedacht hatte, ist die Tatsache, dass sich nicht nur der Hund an uns gewöhnen muss, sondern auch wir uns an ihn – und das stellte sich als wesentlich schwieriger heraus! Man hat seinen Beruf, man hat seinen Tagesablauf, seine lieben Gewohnheiten und auf einmal muss man alles neu überdenken, anpassen und stellt fest: Nichts ist, wie es war!
Natürlich hatten wir uns vorbereitet, schließlich ist man ja des Lesens und des Lernens mächtig – aber was ist passiert!? Lies fünf Bücher und du findest fünf Meinungen, wie ein Hund am besten zu erziehen sei.

Man steht also – so unsere Erfahrung – erst einmal ziemlich allein da. Auch weil viele Bücher auf einem Verständnislevel ansetzen, den wir anfangs gar nicht hatten. Heißt auf Deutsch: Ich lese ein Buch, denke: Aha, so geht das also – habe aber gar nicht wirklich begriffen, was dort beschrieben wird. Es fehlte mir wirklich an Anleitungen, wie man zunächst die aller ersten Schritte vernünftig geht, wenn man bis dahin noch nie einen Hund hatte! Nicht zuletzt aus diesem Grund haben wir uns entschlossen, dieses Buch zu schreiben.

Unser Anfang war schwer

Wir scheuen uns nicht, zuzugeben, dass wir echte Schwierigkeiten hatten, mit unserem Hund und unserem neuen Leben zurecht zu kommen. Wir gehören nämlich zu denjenigen, die beide berufstätig sind und die somit ihren Hund in ihren beruflichen Alltag integrieren müssen. Nun habe ich den Vorteil, dass ich von zuhause aus arbeiten kann, aber dennoch muss ich tagsüber arbeiten – und dies war anfangs gar nicht so einfach. Man darf ja nicht vergessen, dass so ein Welpe (leider) keinen „Aus"-Schalter hat, mit dem man ihn für eine beliebige Zeit stumm schalten kann. Ganz im Gegenteil! Er fordert die ganze Aufmerksamkeit und das kann bisweilen eine recht anstrengende Angelegenheit sein.
Ganz entscheidend ist sicherlich auch die Hunderasse, die man sich aussucht: Hier können Sie gar nicht genug Zeit investieren! Machen Sie sich intensiv mit den einzelnen Rassen vertraut, prüfen Sie kritisch Ihren eigenen Tagesablauf, Ihre Verpflichtungen und Ihre Zeitreserven und entscheiden Sie sich erst dann für Ihren Wunschhund! Wir haben uns bei unserer Entscheidung eigentlich hauptsächlich vom „kinderverträglichen, gutmütigen Familienhund" leiten lassen, aber nicht wirklich an uns herangelassen, dass Hütehunde einen ganz eigenen Kopf haben. Sie sind es gewohnt, selbstständig zu denken und zu handeln und benötigen eine Menge Beschäftigung und Auslauf, damit sie ausgeglichen sind. Was diese Aussagen in der Praxis bedeuten, werden Sie in den folgenden Kapiteln lesen. Crosby ist ein Schatz –, keine Frage! – aber er ist kein Hund, der einfach nebenher laufen kann. Nein, er ist ein Familienmitglied, das vollen Einsatz und volle Aufmerksamkeit erfordert. Kurz gesagt: Lassen Sie sich Zeit, bevor Sie sich entscheiden, durchdenken Sie nicht nur die einfachen, sondern auch

die schwierigen Situationen (z.B. Urlaube!), prüfen Sie für sich, ob Sie aufs Ausschlafen verzichten können und machen Sie sich auf eine lange lange Zeit des Lernens gefasst...

Und dann noch ein ganz besonders persönliches Wort...

So ein Buch schreibt man natürlich nicht an einem sonnigen Spätnachmittag. Es dauert Monate, alle Erinnerungen zu sammeln und zu sortieren, Fotos zu sichten und zuzuordnen. Unser ganz besonderer Dank geht daher an all die Freunde, die uns geholfen haben, diese Aufgaben mit Fleiß und Ausdauer zu bewältigen!
Herzlichen Dank auch an:
Andreas Jähnke (Fotos), Michael „Bo" Wittig (Fotos), Angelika Bock und Heike Albrecht (fachliche Unterstützung), Bärbel Gries (Crosbys „Mama" – seine Züchterin), Anja Rickert, das Team der Tierklinik Dr. Bitter sowie Susanne Ritter, Familie Thiesemann, Familie Wimmer, Familie Moschner und alle, die wir hier vergessen haben.

P.S.

Dieses Buch widmen wir Crosby. Aber sagen Sie es ihm bitte nicht, sonst kriegt er gleich wieder Oberwasser!

Teil 1

Das verflixte erste Jahr

Wo liegt das Problem? Wir kaufen einen Hund, und gut!

Schön und gut – aber was für einen? Wir gingen bereits lange Zeit mit dem Gedanken schwanger, uns einen Hund zuzulegen, haben das aber immer wieder auf „Wiedervorlage“ vertagt. Heißt auf Deutsch: Wir hatten nie den Mut zu sagen: „So, jetzt oder nie!“.

Es wird ernst

Eines schönen Tages im Spätherbst kam dann Kerstin allerdings von der Arbeit heim (sie arbeitet als Augenoptikerin) und berichtete mir von einer Kundin, die einen sooo süüüßen Hund dabei gehabt hätte. Er lag die ganze Zeit brav neben ihr (der Kundin) und stellte überhaupt die Personifizierung eines liebenswerten Mitgeschöpfes dar. Was will man da sagen? Auf meine Frage, was denn das für eine Sorte gewesen sei (heute würde ich natürlich „Rasse“ sagen!), ließ sie mich wissen, es war ein Bearded Collie.

Das ist ein Beardie!
Links ist vorne, die Augen befinden sich etwa 15 Zentimeter unterhalb des Fells. Man fragt sich, wie diese Rasse jemals Schafe hüten konnte – sie können doch gar nichts sehen! Vielleicht ist deshalb halb Irland nach Amerika ausgewandert, weil das mit dem Schafehüten dann doch nicht geklappt hat …

Ein Bearded Collie

Aha, ein Bearded Collie also. Nie gehört! Aber wozu hat man die Technik? Ich setzte mich also am gleichen Abend an meinen Computer und informierte mich im Internet über die mir bis dato unbekannte „Sorte“. Google sei Dank fand ich alsbald jede Menge an Infos und hangelte mich fröhlich von Seite zu Seite.

Was ich dort zu lesen vorfand, gefiel mir auf Anhieb: „Liebevoller, fröhlicher Familienhund“ war dort zu lesen, „keinerlei Agressions-Potenzial“, „lernbegierig und kinderlieb“ – kurz und gut: genau der Hund, den wir suchten! Aus heutiger Sicht muss ich wohl einräumen, dass ich die Passagen „braucht viel Auslauf“, „will körperlich und geistig gefordert sein“ und „sehr pflegeintensiv“ wohl im Eifer des Gefechtes überlesen haben könnte... Nun gut, dachte ich: Die Rasse ist wohl die richtige! Schauen wir doch mal, ob es irgendjemanden gibt, der demnächst Welpen hat, die man sich mal anschauen kann. Wie es der Zufall so wollte, habe ich dann tatsächlich nach kurzer Suche jemanden entdeckt, der gerade einen Wurf zu vermelden hatte.

Das ist ein Bonsai-Beardie!
Vorne der Beardie, hinten Bärbel Gries, die Züchterin! Übrigens: Ob dieser Welpe Crosby ist oder eines seiner Geschwister – keine Ahnung. Für mich sahen die am Anfang alle gleich aus. Wahrscheinlich sind Männer genetisch nicht in der Lage, kleine Lebewesen zu unterscheiden, denn bei Babys geht es mir genauso.

Das Ding war gelaufen

Am nächsten Tag habe ich dort angerufen und erfahren, dass in der Tat noch nicht alle Welpen vergeben waren und wir die Gelegenheit bekommen würden, uns die noch freien Kandidaten anzusehen. Nun wurde unser Hundewunsch Knall auf Fall sehr real! Also stiegen Kerstin und ich ins Auto und machten uns auf den Weg zu der Züchterin, die etwa eine Autostunde entfernt wohnte.

Da isser ja!
Irgendeiner davon ist Crosby! Fragen Sie mich nur nicht, welcher ...

Dort angekommen passierte genau das, was Mutter Natur in ihrer Jahrmillionen währenden Evolution offensichtlich allen Frauen in die Gene geschrieben hat: „Siehst du, liebe Frau, einen Welpen, verliebe dich in ihn und lasse dich nimmermehr von dem Gedanken abbringen, dieses hilflose Geschöpf in Deine Obhut zu nehmen!" Das war´s. Ende, aus. Das Ding war gelaufen. Ich stellte zwar auf der Rückfahrt die – rein rhetorische – Frage: „Willst Du es Dir nicht noch einmal in Ruhe überlegen?", wusste aber, dass diese Frage absolut keine Bedeutung haben würde. Es ging zu diesem Zeitpunkt längst nicht mehr um das „ob", sondern nur noch um das „wie". Also gut – schön, dass wir nochmal drüber gesprochen haben ...

Nunmehr galt es also, sich mit dem Gedanken anzufreunden, dass wir in absehbarer Zukunft einen Hund – und zwar einen Bearded Collie – haben würden. Ich muss sagen, dass ich der Sache erstmal recht locker gegenüberstand. Naja, dachte ich, dann haben wir halt einen Hund. Wird schon gehen. Irgendwie.

Mama!
Das ist übrigens die Mama von Crosby, Jenna. So sieht man aus, wenn man acht Welpen bekommen hat. Obwohl man wohl erst nach dem Bürsten sicher sagen kann, ob es wirklich nur acht waren, oder ob nicht doch noch ein neunter irgendwo im Fell hängen geblieben ist…

An dieser Stelle vielleicht ein Wort zu unseren Lebensumständen: Ich bin selbstständiger Marketingberater, Komponist und Musikproduzent (und jetzt auch Buchautor) und betreibe eine Werbeagentur mit angeschlossenem Redaktionsservice von zuhause aus. Kerstin ist Augenoptikerin mit einer 3/4-Stelle. Unser Grundgedanke war: Wenn Kerstin arbeitet, habe ich den Hund zu Hause, wenn ich Kundentermine habe, bleibt er solange allein im Haus, und wenn Kerstin zu Hause ist, kümmert sie sich um ihn. Sollte funktionieren, oder?

Am Anfang stand das Wort: Die Theorie

Was macht man als verantwortungsvoller Hundebesitzer in spe? Genau: Vorbereiten! Ergo beschafft man sich einige Bücher und liest sie durch. Gesagt, getan. Hier stellte sich allerdings die Frage: Welche der schier zahllosen Bücher soll man denn nun lesen? Wir haben hierzu mit unseren Freunden und Bekannten gesprochen, gefragt, welche Bücher sie gelesen hatten, und um eine Einschätzung gebeten. So kam denn auch eine kleine Auswahl an Büchern zustande, die wir dann alle anschafften. Es war ja nun auch nicht so, dass wir überhaupt gar keine Erfahrung mit Hunden hatten: Sowohl Kerstins als auch meine Eltern hatten einen Hund gehabt, bei Kerstin war es ein Boxer, bei meinen Eltern war es ein Pudel – beide hießen übrigens Tessy.

Mir schwirrt der Kopf

Also nichts wie ans Werk und fleißig lesen. Die ersten Seiten gingen flott von der Hand. Da war die Rede von Konsequenz in der Erziehung, von der richtigen Ernährung, natürlich von der Gesundheit unserer Hunde, von der richtigen Sozialisierung, von Rangordnung, von Beschwichtigungssignalen, von Problemhunden, von Rassemerkmalen, von... STOP! Mein Kopf war voll. Ende, aus.

Die Quahl der Wahl!
Ich hasse lesen! Normalerweise warte ich, bis ein Buch verfilmt wird, aber in diesem Fall gab es nur einen Weg: Augen auf und durch.

Ich konnte mich schon gar nicht mehr an das letzte Buch erinnern, geschweige denn an das vorletzte oder das davor! Wann waren nochmal die wichtigsten Prägewochen? Von der achten bis zur elften Woche oder war es von der neunten bis zur zwölften Woche? Es mag ja sein, dass Menschen, die wirklich nichts anderes mehr in ihrem Leben vorhaben, als sich um ihren Hund zu kümmern, und die darüber hinaus über ein überdimensioniertes Gehirn verfügen, sich alles merken können, was sie gelesen haben – ich konnte es nicht.
Und so stieß ich schon im Vorfeld meines Daseins als Hundebesitzer („Hundebesitzer" – eigentlich ein unschönes Wort; man besitzt ein Auto oder ein Haus oder von mir aus auch ein pralles Bankkonto, aber einen Hund? Nehmen wir doch lieber „Hundehalter"), oder vielmehr als Hundehalter auf eine Erkenntnis, die ich im folgenden Ersten Gerlingschen Leitsatz im Umgang mit Hunden unter besonderer Berücksichtigung des Haltens eines Ersthundes festhalten möchte:

$$M_{TW}\,(B1..Bx) \neq M_{PW}\,(KS1..KSx)$$

„Die Masse (M) an theoretischem Wissen (TW), die sich aus den Büchern (B) 1 bis x ergibt, ist ungleich der Masse an praktischem Wissen (PW), das man in konkreten Situationen (KS) 1 bis x abrufen kann." Anders formuliert: Mein Kopf ist klein, es passt nix mehr rein!

Sicherheit geht vor

So einfach ist Hundeerziehung! Versuch, dir alles zu merken, und wende das an, was du tatsächlich davon noch im Kopf hast! Sie werden jetzt vielleicht denken: Wenn der weiter keine Probleme hat... Aber mir trat schon der Schweiß auf die Stirn, wenn ich daran dachte, wie unser kleiner Hund wohl durch die vor Gefahren wimmelnde Wohnung schleichen würde, umgeben von Stromkabeln, Kakteen, Treppenabsätzen usw. Ganz zu schweigen von all den Gefahren, die ihn draußen erwarten würden: blutrünstige Nachbarshunde, giftige Pflanzen und Düngemittel, Glasscherben am Wegesrand, Autos und und und.
Da ich (zum Leidwesen meiner Frau) an erblicher Übervorsicht leide, begann ich also in Gedanken mir vorzustellen, wie ich unsere Wohnung wür-

de umräumen müssen. Ich würde alle stromführenden Kabel verschwinden lassen. Ich würde die Treppen im Haus sichern, damit er nicht durch die Stufen fallen kann. Ich würde alle gefährlichen Pflanzen im Haus entfernen (damit würde sich auch die Menge an zu gießenden Pflanzen im Haus senken – ein überaus angenehmer Nebeneffekt!). Ich würde alle Dekorationsobjekte, die der Hund essen könnte, entfernen (spart enorm Zeit beim Staubwischen!).

DOG DANGER!
Eine gefährliche Treppe, Abgründe lauern, Gefahr für unseren Crosby droht! Tödliche, hundefressende Mörderkakteen gieren nach dem jungen Leben. Unser Haus: eine einzige canidophobe Umgebung!

Kurzum: Ich würde wohl unser ganzes Haus leer räumen, mit Watte auspolstern und unserem Hund einen Sturzhelm verpassen. Prädikat: „Hundesicheres Haus!“ Tja – so geht´s aber nicht. Doch Spaß beiseite: Wir haben im Vorfeld tatsächlich einige Dinge in unserer Wohnung überdacht und geändert.

Unsere Praxis-Tipps fürs hundesichere Haus

- Wir haben alle gefährlichen Pflanzen (insbesondere langstachelige Kakteen) an Plätze gestellt, die der Hund nicht erreichen konnte.

- Wir haben den Zugang zu unseren Treppen gesichert, so dass der Hund die Treppen nicht allein betreten konnte. Hierzu haben wir einfach sperrige Gegenstände (eine schwere Kiste oder einen Koffer) vor die Treppe gestellt.

- Wir haben die Dekorationsgegenstände, die wie Hundespielzeug aussehen (etwa Stofftiere usw.), entfernt.

Mehr haben wir nicht gemacht. Ich hatte dann nämlich überhaupt keine Lust mehr, alles umzuräumen und umzubauen, nur weil wir einen Hund bekommen würden! Vielmehr haben wir uns gesagt: Wir bringen dem Hund einfach bei, wie er sich in der Wohnung zu benehmen hat. Und dabei behalten wir ihn natürlich permanent im Auge, sonst könnte es schwierig werden ...
Heute können wir sagen: Es hat ziemlich gut geklappt. Wie wir es hinbekommen haben, dass unser Hund so gut wie keine Schäden im Haus verursacht hat, verraten wir Ihnen später.

Grundausstattung für Ersthunde

Natürlich waren unsere Vorbereitungen jetzt noch nicht abgeschlossen! Schließlich braucht man ja auch noch allerlei Zubehör für einen kleinen Hund: ein Leine, ein Halsband, eine Hundebox, eine Decke, einen Korb, einen Trink- und einen Fressnapf und: JEDE MENGE SPIELZEUG. Sie glauben nicht, wie meine Frau geradezu in einen Kaufrausch verfallen kann, wenn sie ein entsprechendes Fachgeschäft für Tierbedarf betritt. Es hat nach dem Überqueren der Türschwelle einfach überhaupt keinen Sinn mehr, sie anzusprechen. Sie stürzt sich wie ein Piranha im Amazonas auf jedes Spielzeug, das sich ihr in den Weg stellt.
In einem der Bücher, die wir gelesen hatten, stand sinngemäß: Machen Sie kein großes Aufheben wegen des Spielzeugs Ihres Hundes. Ein zusammen-

Die Ruhe vor dem Sturm …

geknotetes altes T-Shirt und ein paar Pappkartons zum Schreddern machen Ihren Hund glücklich. Das müssen wir überlesen haben …
Soweit theoretisch vorbereitet, machten wir uns an einem Sonntag im Dezember also auf den Weg und fuhren zu unserer Züchterin, um unseren Hund abzuholen. Ich ahnte damals nicht, dass es dieser Sonntagmorgen gewesen war, an dem ich das letzte Mal ungestört ausschlafen konnte …

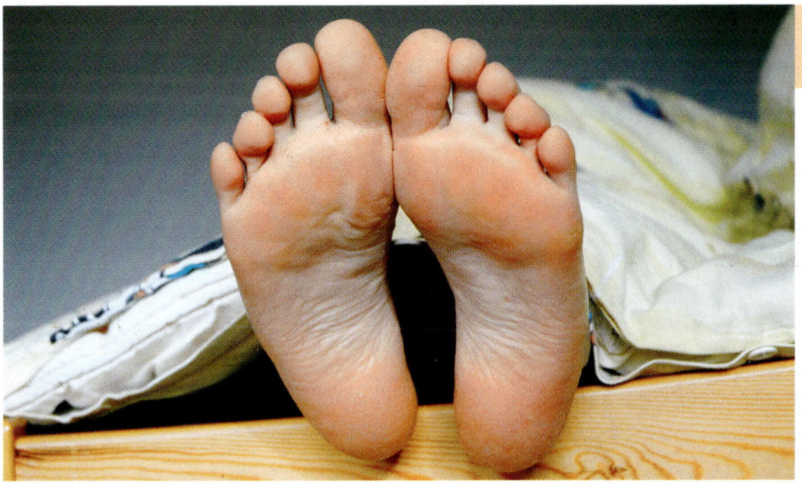

Zum letzten Mal ausschlafen …

D-Day (Dog-Day): Der Tag der Landung – Crosby kommt zu uns

Da waren wir nun bei der Züchterin und wollten unseren Hund abholen. Wie wir da so saßen und die Formalitäten abwickelten, kam mir zum ersten Mal der Gedanke ins Vorderhirn, dass wir ja tatsächlich zu zweit gekommen waren, aber zu dritt wieder wegfahren würden. Schlagartig wurde mir klar: Wir nehmen den Hund ja am Ende unseres Gespräches mit! Und behalten ihn! Für sein ganzes Leben! Und genau so kam es: Nach einem tränenreichen Abschied unserer Züchterin (mit der uns übrigens bis heute eine herzliche Freundschaft verbindet) von ihrem Welpen saßen wir auf einmal mit Crosby im Auto und fuhren heim. Kerstin hatte sich mit Crosby auf den Rücksitz gesetzt und ihn auf den Schoß genommen. Zu unserem Erstaunen verhielt sich Crosby ruhig. Er heulte nicht, ihm wurde nicht schlecht und wir konnten mit ihm die etwa einstündige Fahrt gut bewältigen. Es brauchte nur einen einzigen Pinkelstopp – wegen mir. Zuhause angekommen, setzten wir Crosby auf seine Hundedecke vor seine Hundebox und beobachteten gespannt seine ersten Schritte. Da war er nun – der kleine Crosby!

Hier bin ich!
Ok Leute – ich bleibe hier! Aber macht es mir schön gemütlich, sonst zeige ich euch, wo der Beardie den Most holt…

Die Realität holt uns ein

Die ersten Stunden waren wunderbar: Wir sahen zu, wie Crosby Schritt für Schritt seine Umgebung erkundete, wie er vorsichtig an den vielen ihm unbekannten Gegenständen schnupperte, wie er langsam Vertrauen zu uns gewann – und wie er genüsslich das eine oder andere Mal auf den Boden pinkelte! Ach ja – Gassi gehen!

Der erste Tag. Plötzlich war das ganze angelesene Wissen weg – hier war sie, die Praxis! Mit dem heutigen Abstand meine ich allerdings, dass wir doch vieles „aus dem Bauch" richtig gemacht haben. Ist wahrscheinlich wie bei Kindern: Man macht dann doch viel richtig, weil man sich auf die Situation konzentriert und den Rest Mutter Natur überlässt, die dann schon dafür sorgt, dass die richtigen Hormone ausgeschüttet werden.

Kerstin und Crosby

Das Welpen-Dreieck: Schlafen, Unsinn machen und Pinkeln

Theoretisch bestens vorbereitet, wussten wir ja nun, dass der Lebensinhalt eines Welpen zunächst in erster Linie aus Schlafen, Unsinn machen und Pinkeln besteht – und genau so war es auch! Kerstin hatte zu dieser Zeit Gott sei Dank Urlaub und konnte so tagsüber alle zwei Stunden mit Crosby in den Garten zum Pippi machen gehen. Dummerweise erstreckte sich dieser Rhythmus auch auf die Nacht, so dass die ersten Wochen und Monate schon recht anstrengend waren. Wir haben Crosby anfangs nachts bei uns im Schlafzimmer einquartiert. Die Tür war geschlossen, damit er nicht unkontrolliert im Haus umherlaufen und insbesondere nicht die Treppe hinunterfallen konnte. Vor unserem Bett hatten wir eine kleine Hundedecke drapiert und seine Hundebox aufgestellt.

Pssssst, er schläft!
Momente der Entspannung – Crosby schläft, der Mensch kann wieder Mensch sein – davon hätte ich mir in den ersten Monaten mehr gewünscht!

Des weiteren hatten wir einen schönen Bastkorb im Schlafzimmer installiert und mit Decken ausgelegt, so dass er auch dort hätte schlafen können. Sowohl diesen Bastkorb als auch seine Hundebox haben wir ihm tagsüber in seiner Hundeecke im Wohnzimmer aufgebaut – als Rückzugsbereich zum Schlafen und Spielen.

Early in the morning...
Nicht meine Zeit! In aller Herrgottsfrühe mit dem Hund draußen rumlaufen und dabei auch noch gute Laune haben – ich werde das nie, nie verstehen. Aber es muss wohl Spaß machen ...

Die Realität holt uns ein

Jetzt gab es Stimmen, um auf unsere zahlreichen Fachbücher zurückzukommen, die meinten, es sei gut und richtig, den Hund von Anfang an daran zu gewöhnen, nicht im Schlafzimmer seiner Menschen zu schlafen, sondern stattdessen auf seinem Hundeplatz irgendwo im Haus. Wir haben uns bewusst anders entschieden. Wir wollten Crosby in unserer Nähe haben. Bei den nächtlichen Einsätzen (der Hund quiemt – er muss bestimmt mal!) haben wir uns abgewechselt – eine Zeit, die ich wirklich nicht misse! Zumal es dann des öfteren so war, dass Crosby zwischen dem nächtlichen

Quiemen und dem Urinieren eine Zeitspanne von unter zwei Sekunden verstreichen ließ... Ich weiß nicht mehr, wie oft wir unseren Schlafzimmerteppich mit heißem Seifenwasser gereinigt haben, jedenfalls zeugen noch heute diverse Flecken von dieser ereignisreichen Zeit.

Unser Praxis-Tipp für einen stubenreinen Hund

Wann immer der Hund gequiemt hat, haben wir ihn geschnappt und in den Garten getragen, damit er dort sein Geschäft verrichten sollte. Jedes Mal, wenn dies geklappt hat, haben wir ihn überschwänglich gelobt und belohnt. Immer wenn er seine Notdurft im Haus verrichtet hat, haben wir dies ignoriert und seine Hinterlassenschaften unauffällig entfernt.

So ist's recht!
Sein Geschäft in freier Wildbahn erledingen – so gehört sich das für einen stubenreinen Hund.. Crosby ist dabei so eigen, nicht den Weg zu benutzen, sondern immer den Randstreifen, ein Feld oder einen Acker, so wie hier – britische Höflichkeit eben...

Warum macht man das? Man will ausnutzen, dass der Hund sich die Situationen, in denen er gelobt und belohnt wird, merkt. Der alte Ansatz, den Hund mit der Nase in seine Hinterlassenschaften im Haus zu tunken, nützt nichts, da er alles, was länger als zwei, drei Sekunden zurückliegt, nicht mehr mit seinem Handeln in Verbindung bringen kann. Wenn man ihn also nicht unmittelbar bei der Verrichtung seiner Notdurft erwischt und dies mit einem klaren NEIN unterbindet, um ihn dann sofort in den Garten zu tragen, nützt es nichts, ihn später für etwas zu bestrafen, an das er sich ohnehin nicht mehr erinnern kann. Wir haben etwa sechs Monate gebraucht, um Crosby stubenrein zu kriegen. Heute geben wir ihm das Kommando MACH GASSI, wenn wir wollen, dass er sein Geschäft verrichtet.
Ich muss zugeben, dass ich eine Zeit lang dachte: Das kriegen wir nie in den Griff, aber Crosby hat dann doch gut mitgearbeitet und so haben wir auch dieses Thema nach einem halben Jahr zu den Akten legen können.

Schlafen wie Ötzi – schief und krumm

Rund ein Drittel unseres Lebens schlafen wir. Beim Hund ist es wohl noch eine Ecke mehr, von daher lohnt es sich schon, dem Schlafen und dem Schlafplatz unseres Hundes ein eigenes Kapitel zu widmen. Wie Sie in diesem Buch sicher schon des öfteren gelesen haben und lesen werden, sind wir im Zusammenleben mit unserem Crosby so manches mal überrascht worden – meistens positiv und manchmal negativ. Bei seinen Schlafgewohnheiten allerdings fragen wir uns bis heute immer noch ernsthaft, ob er wirklich ein Hund ist oder nicht doch ein Teenager, der nach einer Pillen- und Joint-durchzogenen Techno-Nacht irgendwo im Stadtpark zusammengebrochen ist. Wenn man ihn so schlafen sieht, könnte man auch meinen, er habe direkt neben Ötzi gelegen und sei mit ihm gemeinsam ausgegraben worden!

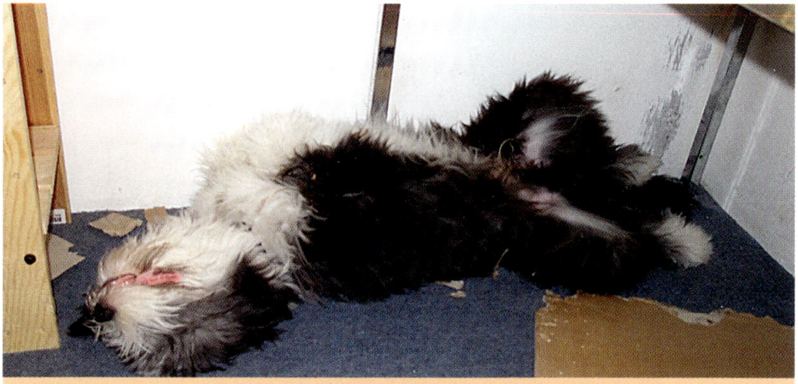

Mal ehrlich: Ist das noch normal?
Ist es! Zumindest bei Crosby – er schläft wirklich so! Das muß doch höllisch unbequem sein – keine Decke, kein Kissen, kein Körbchen, alles kein Thema für ihn.

Was haben wir falsch gemacht?

Eigentlich gar nichts. „Falsch“ ist hier der falsche Ausdruck. Sagen wir eher: Wir haben am Bedarf vorbeigeplant. Wir waren happy, als wir vor der Ankunft von Crosby von Kerstins Eltern einen tollen, großen Hundekorb aus Weidengeflecht geschenkt bekamen. Stolz haben wir den Korb mit Decken und Kissen ausgestattet und in der schönsten Wohnzimmerecke platziert.

Körbchen? Nur was für Warmduscher.
Ein schönes warmes Körbchen – das war nicht Crosbys Welt. Außer für dieses Foto hat er höchstens noch zweimal drin gelegen. Ein Beardie eben…

Dort sollte Crosby tagsüber und abends schön gemütlich und warm seine ruhige Ecke zum Schlafen haben. Außerdem hatten wir eine Hundekiste gekauft, in der er dann nachts schlafen sollte – aufgebaut vor unserem Bett, ebenfalls ausgestattet mit Decken und Kissen. Toll! Urgemütlich! Hätte ich am liebsten selbst drin gepennt. Also haben wir den Hund geschnappt und in sein Körbchen gelegt. „Feines Körbchen! Schau mal!“ Nun ja, die Begeisterung hielt sich in Grenzen. Kurz: Crosby hat sich für sein Körbchen nie wirklich interessiert. Er hat ein paar Mal die Decken durchwühlt, die Streben angefressen, und das wars. Das Körbchen war für ihn zu keinem Zeitpunkt ein interessanter Platz. Wir denken, es ist ihm dort einfach zu warm. Beardies – und insbesondere Crosby – lieben die Kälte. Und sie lieben es hart. Beardies sind einfach keine Warmduscher. Sehen wir es positiv: Es spart Geld. Er braucht weder Körbchen noch Decken – Beton genügt!

Das sollte wohl ein Witz sein? *Körbchen sind was für Katzen und sonstige Turnbeutelträger. Ich brauche Beton oder Fliesen – harte Kerle brauchen harte Untergründe! Räumt diese Öko-Kiste hier weg, aber hurtig! Fehlt nur noch, dass ich in Zukunft morgens Mate-Tee saufen soll …*

Wo soll er denn nun schlafen?

Wir haben uns dafür entschieden, den Hund weder aufs Sofa noch ins Bett zu lassen – und ich denke, das ist richtig. In den vielen Büchern, die wir gelesen haben, hat uns eines ganz besonders nachhaltig in unserer Erziehung beeinflusst: Jan Fennells Buch „Mit Hunden reden". Hierin beschreibt die Autorin, daß es das Wesen des Hundes sei, stets zu versuchen, die Führerschaft in seinem Rudel einzunehmen. Sie empfiehlt folgerichtig, dass man dem Hund nicht gestatten soll, erhöhte oder privilegierte Plätze einzunehmen, da diese stets den Alphatieren eines Rudels (Herrchen und Frauchen) vorbehalten sein sollten. Wasser auf meine Mühlen!

Abgesehen von dieser verhaltenspsychologischen Erkenntnis habe ich auch gar keinen Bock darauf, dass mein Hund in meinem Bett rumliegt, seine Haare, Zecken, Stöckchen und Krümel auf meiner Matratze verteilt. Beim Thema Sofa bin ich schon etwas weicher, ABER: Besser ist es, wenn er unten bleibt. Wir setzen uns halt auf die Erde, wenn wir mit ihm schmusen wollen. Außerdem schont es die Einrichtung, wenn er nicht auf den Möbeln herumspringt!

Ganz im Ernst: Wenn der Hund erst mal Oberwasser hat, tanzt er einem auf dem Kopf herum – und das kann ich definitiv nicht ab. An der Theorie, dass der Hund sich für den Chef hält, wenn er ins Bett und aufs Sofa darf, ist wirklich was dran!

Hier!

Also haben wir entschieden: Ja, er darf im Schlafzimmer bei uns nächtigen, aber auf der Erde beziehungsweise in seiner Kiste (Körbchen war ja nichts). Das klappte die ersten Monate auch gut. Wir hielten die Schlafzimmertür des Nachts geschlossen und Crosby legte sich neben das Bett und schlief dort. Später dann ließen wir ihn frei im Haus laufen und selbst entscheiden, wo er schlafen wollte. Mittlerweile hat er sich seinen Platz im Keller auf dem blanken Estrich in einer Ecke gesucht, die so anheimelnd ist wie die Herrentoilette auf dem Bahnhof Zoo in Berlin.

Futtern wie bei Muttern

Futter: Das heißeste Thema neben der Erziehung! Ganze Philosophien, ja Weltbilder prasseln aufeinander, wenn es ums Futter geht. Als ich mich mit diesem Thema beschäftigt habe, habe ich sehr sehr tief in die Seelen der Menschen blicken können. Um es abzukürzen: Wir haben einfach das Futter verwendet, das die Züchterin uns empfohlen hat. Crosby ist damit prima klargekommen, prächtig gediehen und zu einem ordentlichen Exemplar seiner Gattung herangewachsen. Bevor ich Ihnen aber unsere Auffassung zum Thema Futter zum Besten geben möchte, gestatten Sie mir einen kleinen Ausflug in die Vergangenheit, als sowieso alles besser war:

Eine Reise in die Vergangenheit

Meine Oma Else hatte immer einen Hund. Und der hieß immer Telly. Und er war immer ein brauner Mischling, so Dackelgröße. Und jeder Telly hat immer das gekriegt, was Oma vom Essen über hatte. Und wenn mal nix über war... Ich erinnere mich dunkel an eine Szene, als Oma Else bei uns zu Hause das Wochenende verbracht hatte. Am Montag früh fuhr mein Vater sie dann wieder heim und meine Schwester und ich waren ebenfalls dabei, da wir ein paar Tage bei Oma verbringen sollten.

Bei Oma angekommen, stellten wir fest, dass der Inhalt des Hundenapfes (es war Suppe gewesen) gefroren war. Weil Oma nämlich keine Zentralheizung hatte, sondern einen Küchenherd, der mit Holz oder Kohle befeuert wurde und gleichzeitig als Heizung diente. Wie Sie sich denken können, war es gerade Winter. Wie Sie sich ferner denken können, hat Telly recht seltsam auf seinen Napf geschaut. Oma Else bewohnte mit ihrem Hund ein kleines Haus auf dem Dorfe (auf DEM Dorfe – direkt am Gesäß der Welt, sozusagen kurz vor Bullerbü). Der Name des Dorfes sei hier unerwähnt, nur soviel sei verraten: Hundefutter war dort ein eher unbekannter Begriff, sofern hier ein extra nur für Hunde zubereitetes Futter gemeint war, das man in einem Ladengeschäft (und nur dort) kaufen konnte! Gegessen bzw. gefüttert wurde, was auf bzw. unter den Tisch kam. Basta.

Zurück in die Gegenwart

Glaubt man den Angaben der Futtermittelhersteller, so hätten diese Hunde allesamt mit spätestens drei Jahren von Gicht und Fettlebern gezeichnet elendig eingehen müssen. Sind sie aber nicht. Im Gegenteil: Sie sind steinalt geworden.
Was heißt das nun? Brauchen wir also doch nicht das Welpenfutter für Hunde mit sensibler Verdauung? Oder die Leckerlis mit Zahnpflegeeffekt? Tut es auch Roggenmischbrot mit Schnitzelknochen und den Restkartoffeln? Nun, ich denke mal, früher war es zum einen so, dass Menschen wie meine Oma stets robuste Mischlingshunde hatten, um die nie viel Aufhebens gemacht wurde und die vielleicht von weit weniger Überzüchtungsproblemen geplagt waren. Die Hunde hatten wahrscheinlich einfach eine standhaftere Verdauung und wurden viel freier gehalten als die heutigen Wohnungshunde. Zum anderen wurden die Hunde (so war es zumindest bei unserer Oma) nicht mit dem besten vom Tisch, dem Fleisch, sondern mit den Resten gefüttert: Kartoffeln, altes Brot, Gemüse und Knochen. Nix von wegen Leckerlis, Schokodrops und dem ganzen anderen modernen Schnickschnack! Vermutlich sind sie deshalb ganz gut durchs Leben gekommen. Hinzu kommt wohl auch, dass früher auf dem Dorf viele Lebensmittel selbst hergestellt wurden und somit weit weniger Schadstoffe enthielten als die heutigen, industriellen Lebensmittel. Ob nun alle Dorfhunde gesünder gelebt haben als unsere heutigen Hunde? Ich glaube wohl kaum. Dass sie aber alle von Fehlernährung gezeichnet dahinvegitierten, glaube ich auch nicht. Die Wahrheit liegt wahrscheinlich wie immer in der Mitte.

Crosbys Welpenspeiseplan

Beim Thema „Futter" haben wir uns wie gesagt einfach an unsere Züchterin gehalten (zugegebenermaßen weil wir über das Thema nicht viel nachgedacht hatten). Sie hat uns ein Welpenfutter empfohlen, das sie auch selbst füttert. (Füttert, wohlgemerkt, nicht futtert! Obwohl die Hundenahrung wahrscheinlich gesünder ist als so manche Lebensmittel, die uns Menschen zum Verzehr angeboten werden!). Dieses Welpenfutter haben wir in lauwarmem Wasser aufgeweicht und mal mit etwas Möhrenbrei, mal mit etwas Hüttenkäse angereichert. Und mal mit etwas Honig. Ach ja: Und Tartar (!) – unsere Züchterin sagte: Das lieben sie.

Wenn ich da heute so drüber nachdenke... Und wo wir schon beim Beichten sind: Wir haben dann nach und nach immer neue, weitere Leckerlis entdeckt und gekauft – schließlich sollte es unser Kleiner ja gut haben! Nicht immer dasselbe! Auch das Auge isst ja mit!
Ganz ehrlich? Wir haben es uns – und vor allen Dingen Crosby – später wieder mühsam angewöhnen müssen, mit seinem normalen Hundefutter vorlieb zu nehmen. Er war nämlich durch unsere abwechslungsreiche Küche derart schleckig geworden, dass ihm sein normales Trockenfutter nicht mehr lecker genug war. Also haben wir uns – und ihn – gezwungen, sich wieder mit Normalfutter zu begnügen. Nach ein bis zwei Tagen des Mäkelns siegte schließlich der Hunger und seitdem hat sich Crosbys Verdauung auch wieder normalisiert.

Was ist das?!
Ein Stück Motorhaube vom Trabbi nach einem Crash mit 5 km/h? Ein Stück eines Raumgleiters nach dem Wiedereintritt in die Erdatmosphäre? Die Schädelplatte eines Neandertalers? Nein, das ist ein lecker Schweineohr! Sieht es nicht zum Reinbeißen aus!?

Prost!
Trinken ist vergleichsweise unkompliziert – Wasser tut es. Crosby bevorzugt sein Wasser allerdings wohltemperiert (zwischen 0 und 4 Grad), am liebsten frisch eingefüllt. Und sauber muss es sein! Daher ist so ein Eimer praktisch: Der ganze Dreck, der sich aus seinem Bart löst (Sand, Krümel, kleinere Säugetiere, Insekten usw.), sinkt direkt auf den Grund des Eimers.

Ein ganzer Kerl dank...

Heute geben wir ihm wenig Leckerlis und wenn, dann nur solche, von denen wir wissen, dass er sie gut verträgt. Wir setzen Leckerlis ein, wenn wir mit ihm Erziehungsübungen machen (als Belohnung), oder wenn wir das Haus verlassen (zum Beispiel ein Schweineohr; dann ist er erst einmal beschäftigt und wir können in Ruhe gehen). Sein tägliches Futter aber (wir füttern morgens und abends) wird „pur" serviert, und zwar ohne Ausnahme. Es ist ja auch wirklich alles drin, was er braucht – warum also mehr geben?

Bei der Frage „Welche Futtersorte?" scheiden sich die Geister. Jeder wird Ihnen passgenaue Argumente liefern, warum ausgerechnet seine Futterempfehlung die beste ist. Es gibt Statistiken, Untersuchungen, Erfahrungsberichte und und und. Wenn Sie also Lust haben, sich all dies anzutun: bitte. Ich nicht.

Ansonsten: Machen Sie sich nicht verrückt! Wenn wir so viel Wert auf unsere Ernährung legen würden, wie auf die unserer Hunde würden wir im Schnitt wohl locker 200 Jahre alt. Hier in unserem Land werden die Hunde mehr als vorbildlich versorgt. Stecken Sie Ihre Mühe lieber in eine gute – also hundegerechte – Erziehung!

Unser Praxis-Tipp zum Thema Leckerlis

... stammt von unserem Tierarzt, der selbst einen Beardie hat. Statt Leckerlis zwischendurch: altes Brot! Und ansonsten einfach nur sein Futter füttern. Extra-Belohnungen nur für Erziehungszwecke. Endlich mal ein Tipp, den man sich merken kann!

Pinkeln & Co

Wenn man einen Hund hat, stehen plötzlich viele neue Punkte auf der persönlichen Hitliste. Einer davon ist der Punkt „Pinkeln & Co“. Nachdem wir uns beim Thema „Futter“ mit dem befasst haben, was in den Hund reinkommt, wollen wir nun einen Blick auf das werfen, was aus dem Hund rauskommt. Lecker ...

Dufte Botschaften

Hunde gehen ja nicht einfach so aufs Klo, flutsch und weg. Nein! Sie verbinden diese Geschäfte mit einer Reihe von zusätzlichen Dingen und hinterlassen Informationen, die für andere Hunde – aber auch für uns als Hundehalter – von Interesse sind. Der Hund – und somit auch Crosby – pinkelt nicht ein Mal, wenn er draußen ist, sondern etwa hundertmal. Warum? Weil es soviel Spaß macht? Nein! Er markiert sein Revier, indem er seine Duftmarken hinterlässt und so seinen Artgenossen zeigt: This land is my land! Insbesondere Rüden haben dabei die Fähigkeit, mit zunehmendem Alter (und damit mit zunehmender Geschlechtsreife) ihre Blase immer besser kontrollieren zu können. Soll heißen: Sie können Unmengen an Wasser abspeichern und in kleinen Mengen wieder abgeben. Eine Fähigkeit, um die man diese Tiere nur beneiden kann! Wir wundern uns manches Mal, wieviel Wasser Crosby wohl gespeichert haben muss, und wo er dies alles lässt! Vermutlich hat er mindestens drei bis vier Blasen, die in seinem gesamten Körper verteilt sind...

Der Chef markiert

Schön und gut – aber was ist hieran besonderes? Nun, der Hund markiert wie gesagt sein Revier. SEIN Revier!? Ist es denn nicht so, dass ich der Rudelchef bin? Wäre es da nicht MEINE Aufgabe, das Revier zu markieren? Es gibt durchaus die Ansicht, der Hund solle folgerichtig an der Kurzleine nicht markieren dürfen – zumindest nicht dort, wo er will, sondern nur dort, wo ich als Rudelführer es ihm gestatte.
Wie soll man das denn in die Tat umsetzen!? Als ich das zum ersten Mal gelesen habe, habe ich gedacht: Die ham´ doch ein Rad ab. Aber wie so oft im Leben habe ich dann im stillen Kämmerlein noch einmal darüber nachgedacht und kam zu dem Schluss, dass diese Überlegung doch gar nicht so ganz blöde ist. Wenn ich der Boss bin, dann sage ich, wo es langgeht, und damit auch, wann und wo markiert wird. Also habe ich die Probe aufs Exempel gemacht.
Beim nächsten Spaziergang mit Crosby bin ich festen Schrittes und recht schnell gegangen. Mir fiel dabei gleich auf, dass Crosby etwas irritiert war ob meines bestimmenden Ganges. Er hat es tatsächlich gleich gemerkt.

Ausgeschifft
Von wegen einfach mal eben markieren! Die Zeiten sind vorbei! Heute wird an der Kurzleine nur noch dort markiert, wo der Chef will. Was tut man nicht alles, um seine Position zu verteidigen. Man klebt förmlich an seinem Amt. Beste Voraussetzungen, um in die Politik zu gehen, oder?

Wann immer er nach links oder rechts ausscheren wollte, um zu markieren, bin ich einfach weitergegangen und habe ihn sanft aber bestimmt mitgezogen. Er hat auch gar nicht groß gezergelt, sondern folgte mir auffällig brav! Dann bin ich plötzlich nach links ausgeschert, habe einen Baum aufgesucht und mich dort hingestellt, als ob ich markieren wollte. (Zu Ihrer Information: Ich habe nicht gegen den Baum gepinkelt! Soweit reicht die Liebe dann doch nicht. Obwohl ich von einem Hundetrainer gelesen habe, der tatsächlich jeden Morgen eines seiner Gehege aufsucht, in denen er schwer erziehbare Hunde hält, und dort gegen die Bäume pinkelt, um den Hunden zu zeigen, wer Chef im Ring ist.)
Auch Crosby hat dann sofort gegen den Baum gepinkelt. Jetzt aber habe ich wiederum mit meinem Fuß auf der Erde gescharrt – das tun Hunde auch oft, wenn sie markiert haben, vielleicht wollen sie den Geruch dadurch verteilen. Da hätten sie Crosbys Gesicht sehen sollen! Er war sichtlich irritiert nach dem Motto: „Was ist das denn? Bist du der Chef!? Aha!“ Ich kann nur hoffen, dass uns dabei keiner beobachtet hat. Nun ist es natürlich mit einem Mal nicht getan – leider. Man muss wirklich jedes Mal zeigen, wer der Chef ist. Und das ist auf Dauer doch anstrengend. Abgesehen von der Tatsache, dass einen die Passanten dann für – sagen wir – irgendwie sonderbar halten!

Lesestunde
Crosby liest gern und ausgiebig in der „Hund am Sonntag“. Besonders gern mag er dabei den Teil mit den Kontaktanzeigen ...

Mehr als nur Wasserlassen

Dass an dieser ganzen „Nur der Chef markiert“-Sache was dran ist, haben wir unlängst auf unserem Hundeplatz bemerkt. Genauer gesagt haben wir es bemerkt, als wir den Platz wieder verlassen hatten. Denn Crosby begann

sofort, Unmengen von Urin abzusetzen. Wir schauten uns verwundert an und dann wurde es uns klar: Crosby hatte die ganze Zeit auf dem Hundeplatz nicht ein Mal das Bein gehoben, obwohl er wie immer literweise Wasser gesoffen hatte. Den Grund dafür hatten wir schnell gefunden: Unter den Hunden auf dem Platz war ein sehr dominanter Geselle gewesen, vor dem Crosby einen solchen Respekt hatte, dass er sich schlicht nicht getraut hatte, irgendwo auf dem Platz zu pinkeln. Erst als er wieder sicheren Boden unter den Füßen hatte, konnte er das Flutventil öffnen!
An diesen Beispielen kann man ganz gut sehen, dass das Urinieren der Hunde eben mehr ist als blankes Wasserlassen. Es ist vielmehr eine der zahlreichen Vokabeln in der Hundesprache, die man als umsichtiger Hundehalter kennen sollte. Denn man kann sie sich zu Nutze machen, um sein Rudel souverän anzuführen. Und wie wir gelernt haben, ist es sehr angenehm, ein souveräner Rudelführer zu sein, denn daraus resultiert ein entspannter, zufriedener und folgsamer Hund. Nach einer kleinen Ewigkeit...

Ikea ist lecker

Anfangs war Crosby in einem rund 2,5 x 3 Meter großen Areal untergebracht, das sich um meinen Schreibtisch herum erstreckte. Ich hatte diese Fläche mit einem improvisierten Zaun aus alten Brötchenkörben abgetrennt – hat man ja zuhause rumliegen. Während meine Frau also bei der Arbeit war, war Crosby mit mir an meinem Arbeitsplatz.

Arbeitsalltag mit Hund

Ich starrte also wie üblich auf meinen Bildschirm und verrichtete meine Arbeit – und Crosby starrte auf meinen Rücken und verrichtete seine Arbeit, bzw. manchmal auch sein Geschäft... Ja, Sie haben richtig gelesen! Es war nämlich theoretisch einfach, auf den Hund zu achten und gleich zu reagieren, wenn er dann mal musste. Praktisch aber habe ich oft telefoniert oder mich auf meinen Bildschirm konzentriert und daher schlicht nicht mitbekommen, wenn Crosby mal musste. Das gleiche galt auch für seine Knabberlust: Welpen, so liest man, lieben es – und brauchen es auch für ihre Zähne – an allem und jedem herumzuknabbern.
Die Schäden in meinem Büro hielten sich noch in Grenzen, lediglich der Schreibtisch und das Regal haben Blessuren davongetragen. Ach ja, sowie der Teppich und die Betonwand. Ich war froh, dass ich einen alten Billigteppich im Büro hatte, denn den hat Crosby mit Vorliebe geschreddert. Dies war ihm nur abzugewöhnen, indem ich ihn jedes Mal mit einem klaren NEIN davon abbrachte, wenn er wieder mal Maß genommen hatte! Praktisch war das allerdings nicht immer so einfach, insbesondere wenn ich ihn mal für kurze Zeit allein in seinem Areal lassen musste (schließlich muss ja auch ein Mensch mal!).

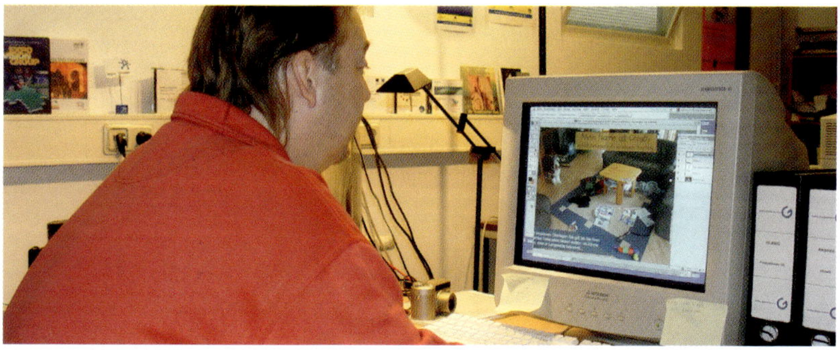

Seltsame Vorlieben

Was Crosbys Bearbeitung der Betonwände anbetrifft, so standen und stehen wir hier vor einem Rätsel: Warum in aller Welt kratzt Crosby an den Betonwänden neben seinem Schlafplatz? Bislang haben wir hierauf keine zufriedenstellende Antwort erhalten.

Ikea kaputt!
Ideale WBH (Welpen-Beiß-Höhe) – mein schöner Ikea-Schreibtisch! Scheint lecker Holz zu sein, ich hab´s noch nicht probiert. Wo ich so darüber nachdenke: Ich habe eigentlich so gut wie nie irgendwelche Holzsplitter gefunden!? Crosby muss sie wohl gefressen haben – ob das so gesund war??? Jedenfalls war es praktisch, so musste ich immerhin nicht dauernd absaugen.

Knabbern

Aber wir waren ja beim Thema „knabbern"... Wie bereits gesagt, haben Welpen den Drang zu knabbern, um ihr Zahnfleisch zu massieren und das Heranwachsen ihrer richtigen Zähne zu fördern. Dazu bedienen sie sich aller Dinge, die sie erreichen können. Und darum tut man gut daran, ihren Kaudrang zu kanalisieren. Man sollte sich dabei allerdings gut überlegen, was man seinem Hund gibt: Beliebt sind alte Schuhe – bedenken Sie hierbei allerdings, dass sie von Ihrem Welpen nicht erwarten können, dass er dann zwischen alten Schuhen (darfst du anknabbern) und neuen Schuhen (darfst du nicht anknabbern) unterscheiden kann! Wenn Sie Ihrem Hund also alte Schuhe geben, verstecken Sie Ihre neuen Schuhe gut! Wir haben Crosby auch mal den Rest einer Küchenrolle oder einer Klopapierrolle gegeben, das Resultat war danach, dass er sich, wenn er Langeweile hatte, fröhlich jede erreichbare Klopapierrolle oder Küchenrolle im Haus geschnappt hat, um sie dann in zehntausende kleine Schnipsel zu zerfleddern und in der Wohnung zu verteilen! Ein schöner Anblick, hat so etwas von einer verträumten Winterlandschaft...

Deutscher Stahlbeton

Dies ist kein Kunstwerk für die nächste documenta in Kassel, sondern die Ecke von Crosbys Schlafplatz! Wenn er so weiter macht, hat er sich in drei bis fünf Jahren bis ins Erdreich vorgearbeitet. Der Mauerdurchbruch, den Sie unten rechts sehen, stammt übrigens nicht von Crosby – glaube ich jedenfalls...

Unser Praxis-Tipp für nagewütige Welpen

Geben Sie Ihrem Welpen alte Kartons! Das ist doppelt praktisch: Ihr Welpe ist beschäftigt mit etwas, das er ruhig zerstören darf, und Sie brauchen die Kartons nicht fürs Altpapier klein zu reißen! Lassen Sie Ihren Hund doch ruhig auch im Haushalt mithelfen und für seine Hundesteuer arbeiten...

Tja, wat nu?!
Seine Lieblingsvollgummischlange ist hinter das Regal gerutscht. Große Not! Der Blick sagt alles: Du musst mir helfen! Ich armer Hund! Ich pinkele auch niiieee wieder auf die Erde – höchstens, wenn ich mal dringend muss ...

Auto fahren

Kein Problem, so dachten wir, als wir Crosby vom Züchter abholten. Er war auf der ganzen einstündigen Fahrt friedlich im Auto. Ich fahre meine Frau oft zur Arbeit, die Fahrt dauert etwa eine halbe Stunde. Eine gute Gelegenheit, um den Hund ans Autofahren zu gewöhnen, meinten wir. Also nahmen wir ihn des öfteren mit. Für diesen und andere Zwecke hatten wir eigens eine Hundebox angeschafft. Wie in der Fachliteratur empfohlen, hatten wir ihn an seine Box gewöhnt. Sie stand tagsüber an seinem Liegeplatz, war mit einer Decke ausgelegt und immer frei zugänglich. Crosby nahm sie auch an – zumindest zum Verzehr von Leckerlis. Also die Box geschnappt, den Hund reingesetzt und ab ins Auto.

Erstens kommt es anders ...

Kaum dort angekommen, fing Crosby an zu jammern. Ich war allein mit ihm im Auto, wir holten Frauchen von der Arbeit ab. Jammern, so hatte ich gelernt, gilt es geflissentlich zu ignorieren. Also tat ich das. Crosby jammerte weiter und wurde dabei etwas lauter. Ignorieren. Crosby begann, sehr laut zu jammern und mischte dieses mit leisem Bellen. Ignorieren.

Jetzt begann er, in der Lautstärke eines startenden Abfangjägers zu kreischen, zu quiemen und zu bellen. Ignorieren. Jetzt schrie er. Und es begann zu stinken. Und zwar nach Hund. Nicht mehr ignorieren – anhalten! Die Box stand auf dem Rücksitz. Kaum hatte ich die hintere Autotür geöffnet und Crosby konnte mich sehen, war er ruhig und freute sich.
Also machte ich die Klappe der Box auf und sah das Dilemma: Er hatte sein Geschäft verrichtet und sich mangels Platz logischerweise mit demselben reichlich beschmiert. Leckere Sache. Vor allen Dingen, wenn man nicht genügend von den wichtigsten Hilfsmitteln eines Welpenhalters dabei hat: Wasser und Papiertücher! So habe ich Crosby dann schön mit einer Hand festgehalten und mit der anderen Hand geschrubbt, bis er schließlich halb sauber und ich halb eingesaut war. Jetzt waren wir natürlich spät dran – wohin nun mit ihm? Wieder in die Box? Ohne mich! Also dachte ich: Gut, setz' ihn einfach auf den Rücksitz, dann kann er dich sehen und wird ruhig bleiben – wird schon gehen. Und zwar genau 500 Meter! Dann war Crosby nämlich der Auffassung, dass es wohl viel schöner wäre, er würde sich zu mir auf den Fahrersitz gesellen! Ergo krabbelte er zwischen den Vordersitzen durch und hing jetzt quer auf der Gangschaltung. Nebenbei bemerkt: Ich musste ja auch noch fahren! Also: Wieder auf den nächsten Parkplatz, Hund schnappen und auf dem Beifahrersitz platzieren. SO, HIER BLEIBST DU JETZT, VERSTANDEN!?
Offenbar nicht, denn kaum waren wir wieder losgefahren, stieg er mir direkt auf den Bauch und blieb dort. Die ganze Fahrt. Ich konnte folglich kaum schalten, geschweige denn den Tacho oder sonstige Instrumente erkennen, Lenken war nur unter Mitdrehen des ganzen Hundes möglich. Eine sehr denkwürdige Fahrt. Als meine Frau schließlich zustieg und mich fröhlich fragte „Na, wie war die Fahrt mit ihm?“, hätte ich am liebsten – ich weiß nicht was.

... zweitens als man denkt

So ging das übrigens über Wochen! Crosby hatte keinen Bock auf Autofahren, und wenn er es überhaupt ertragen mochte, dann nur, wenn er keinesfalls eingesperrt war, sondern mindestens frei auf der Rückbank sitzen konnte. Gejammert hat er immer, es war eine echte Tortur für ihn und meine Ohren. Wenn übrigens Kerstin dann im Auto saß, war er ruhig. Ich war schon drauf und dran, aufzugeben. Ich musste ihn ja öfter im Auto mitnehmen, wenn ich ihn nicht die ganze Zeit allein zu Hause lassen wollte – aber unter diesen Bedingungen!? Irgendwann dann, mit etwa sechs Monaten, war er plötzlich still und guckte aus dem Fenster. Ich dachte schon, jetzt sind seine Stimmbänder wohl gerissen oder meine Trommelfelle geplatzt oder beides! Aber nix war: Er war plötzlich still. Manchmal gibt es eben Wunder. Am besten, man fragt gar nicht warum.

Ursachenforschung

Heute, im Lichte der inzwischen erworbenen Weisheit, frage ich mich, was ihm eigentlich nicht behagt hat beim Autofahren. Ich denke zum einen die Tatsache, dass er nie gern eingesperrt war, insofern war die Box falsch. Vielleicht hätten wir sie offen lassen und auf die Rückbank stellen sollen – dann hätte er selbst entscheiden können, ob er hineingehen wollte. Zum anderen liebt er es, hinauszuschauen und die Gegend zu beobachten. Dazu musste er natürlich erst einmal so groß werden, dass er auch hinausschauen konnte – vielleicht war es ja dieser Moment, als er dann ruhig wurde!? Ich denke, das Hinausschauen dient auch seiner Orientierung, er kann dann das Durchgeschaukeltwerden in Verbindung bringen mit der Landschaft. Für diese Annahme spricht auch die Tatsache, dass er auch heute noch lieber tagsüber als im Dunkeln Auto fährt. Wenn es dunkel ist, fühlt er sich unwohler im Auto, das merkt man deutlich.

Unser Praxis-Tipp für den Hund als Beifahrer

Wenn Ihr Hund Probleme mit dem Autofahren hat, haben Sie Pech gehabt. Hoffen Sie auf ein Wunder. Nein, im Ernst: Gewöhnen Sie ihn langsam ans Autofahren. Verbinden Sie das Fahren mit einer Belohnung, zum Beispiel, wenn er ins Auto gesprungen ist bzw. wenn Sie ihn dort hineingesetzt haben. Weiten Sie die Fahrstrecken behutsam aus. Wenn er meckert, ignorieren Sie ihn, und wenn er dann wieder still ist, loben Sie ihn. Und dann: Viel Glück.

Lasst mich nicht allein!

Ja ja, den Hund alleine lassen... Davor hat man als Hundehalter – gerade wenn es der erste Hund ist – wohl mit am meisten Angst. Was kann nicht alles passieren, wenn man nicht da ist: Zum einem dem Hund natürlich, zum anderen aber auch dem Inventar! Man liest und hört ja die grausamsten Geschichten von zerbissenen Stromkabeln, zerkratzten Türen, abgerissenen Tapeten, zerstörten Schuhen und vieles mehr.
Insofern war zu diesem Thema unser Wissensdurst besonders groß und ich muss sagen, dass es mir hier wirklich was gebracht hat, mich vorher theoretisch zu informieren. Insbesondere das Buch „Mit Hunden reden" von Jan Fenell hat mich auf die Spur gebracht, mich überhaupt mal mit dem Gedanken zu beschäftigen, WARUM der Hund sich so verhält, wenn er allein gelassen ist. Wenn man weiß, warum etwas passiert, kann man es auch besser abstellen. Theoretisch. In unserem Fall aber auch praktisch.

Das Thema „Allein lassen“ ist ein geradezu klassisches Beispiel dafür, ob man seinen Hund verstanden hat und umgekehrt. Deshalb nun einmal ein praktisches Beispiel: Ich beschreibe eine typische Szene und Sie überlegen mal, was hier alles falsch gemacht wurde:

Kann man diesen armen kleinen Hund einfach allein lassen?
Man kann. Man sollte es. Manchmal muss man eben rücksichtslos und grausam sein. Man hat ja sonst nichts vom Leben!

Alleine lassen – eine Übung für Hundehalter

Ich will kurz in die Stadt fahren, um mir von der Tankstelle neuen Tabak zu holen. Ich stehe also hinter meinem Schreibtisch auf und gehe in den Kellerflur (mein Büro liegt im Keller). Vor der Kellertreppe liegt der Hund und schläft. Günstiger Moment, um in die Stadt zu fahren, denke ich, steige vorsichtig über den Hund und schleiche mich nach oben. Dort angekommen, ziehe ich absolut unhörbar meine Jacke vom Kleiderbügel, greife nach der Türklinke und: Crosby steht hinter mir. Mist, denke ich, wie konnte er mich hören? Er hat doch eben noch tief und fest geschlafen!? Also sage ich: „Hallo Crosby, bleib mal schön liegen, ich fahre nur kurz in die Stadt,

Tabak holen! Bin gleich wieder da!“ Dazu streichle ich ihn sanft über den Kopf und öffne vorsichtig die Tür. Als er mitkommen will, sage ich etwas energischer NEIN, BLEIB, ziehe die Tür ins Schloss und haue ab.
So. Was war jetzt falsch? Nehmen wir uns nochmal Satz für Satz vor:

- *Ich will kurz in die Stadt fahren, um mir von der Tanke neuen Tabak zu holen.* Wir lernen: Selber schuld, hättste dir gleich mehrere Pakete mitgebracht, müsstest jetzt nicht in die Stadt fahren!

- *Ich stehe also hinter meinem Schreibtisch auf und gehe in den Kellerflur (mein Büro liegt im Keller). Vor der Kellertreppe liegt der Hund und schläft.* Aha! Der Hund liegt nicht ohne Grund genau da! Dort wacht er nämlich über dich und kontrolliert, ob du dich entfernen willst! Hunde liegen gern an solchen strategisch günstigen Plätzen, achten Sie mal drauf.

- *Günstiger Moment, um in die Stadt zu fahren, denke ich, steige vorsichtig über den Hund und schleiche mich nach oben.* Ganz falsch! Nie über den Hund steigen! Sondern den Hund wegscheuchen – Sie sind der Chef im Ring und niemand stellt oder legt sich Ihnen in den Weg. Drängeln Sie den Hund weg. Klingt gemein? Ist es auch – aber that’s life! Geben Sie dem Hund nie nie nie die Gelegenheit, Oberwasser zu bekommen.

- *Dort angekommen, ziehe ich absolut unhörbar meine Jacke vom Kleiderbügel, greife nach der Türklinke und: Crosby steht hinter mir. Mist, denke ich, wie konnte er mich hören? Er hat doch eben noch tief und fest geschlafen!?* Hunde schlafen offensichtlich nie. Sie haben nur ihre Augen zur Tarnung geschlossen. Darum werden sie auch nicht älter als sagen wir 15 Jahre. Wenn man nämlich rechnet, dass sie gar nicht schlafen und somit täglich 8 Stunden länger wach sind als wir Menschen, so macht das bei 15 Jahren (8 Stunden x 365 Tage x 15 Jahre = 43800 Stunden = 1825 Tage = 5 Jahre) 5 Jahre aus. Hunde leben also 5 Jahre länger als angenommen und schlafen dabei nicht eine Minute – das hält keiner länger als 15 Jahre (eigentlich sind es ja dann 20 Jahre Wachzeit!) aus.

- *Also sage ich „Hallo Crosby, bleib mal schön liegen, ich fahre nur mal kurz in die Stadt, Tabak holen! Bin gleich wieder da!" Dazu streichle ich ihn sanft über den Kopf und öffne vorsichtig die Tür.* Nein! Ganz falsch! NIE von dem Hund verabschieden! Der weiß doch nicht, was Sie ihm da erzählen. Er denkt dann: Auau, jetzt muss aber gleich was Schlimmes passieren, sonst würde er mich ja nicht trösten – und tatsächlich! Herrchen haut ab und lässt mich allein! Ich hab´s geahnt! HALT, HIERBLEIBEN!

- *Als er mitkommen will, sage ich etwas energischer NEIN, BLEIB, ziehe die Tür ins Schloss und haue ab.* Egal, mach was du willst, jetzt hast du das Ding eh versaut.

Was sagt uns das? Ich sag´s Ihnen: Da der Hund nun mal ein Hund ist, denkt er auch wie ein solcher. Und als Hund weiß er eben nicht, ob sie ihn zum Tabak holen verlassen oder für immer nach Neuseeland auswandern. Es nützt also nix, ihm erklären zu wollen, was sie vorhaben. Im Gegenteil! Wenn Sie eine Verabschiedungszeremonie abhalten, verstärken Sie nur das ungute Gefühl Ihres Hundes, dass gleich was Schlimmes passieren muss.

Alleine sein kann man lernen

Was also kann man tun? Das ist recht einfach: Gewöhnen Sie Ihren Hund von Anfang an ans Alleinsein. Und vor allem: Machen Sie überhaupt kein Aufheben darum. Es muss für ihn normal sein, dass Sie kommen und gehen. Verabschieden Sie sich nicht und begrüßen Sie ihn auch nicht gleich, wenn Sie wieder nach Hause kommen!

Nochmal zum mitschreiben: BEGRÜSSEN SIE IHN NICHT GLEICH, WENN SIE NACH HAUSE KOMMEN! Sie kennen das vielleicht: Sie öffnen die Tür, der Hund springt Sie freudig an, freut sich ein Loch in die Mütze, Sie beugen sich zu ihm herab und sagen: „Ja, is ja gut mein Kleiner, Herrchen is wieder da! Alles wieder gut! Ja, freu dich ruhig!" Nein, nein! Gehen Sie ins Haus, am Hund vorbei, ignorieren Sie vollständig seine Freude und lassen Sie ihn zehn Minuten komplett links liegen. Wenn er sich dann irgendwann wieder beruhigt hat und friedlich auf seiner Decke oder sonst wo liegt, gehen Sie zu ihm und begrüßen ihn – aber nicht zu überschwänglich! Sagen Sie einfach: „Hallo Crosby, na? Alles klar?“, streicheln Sie ihn kurz und gehen dann Ihren häuslichen Pflichten nach. Klingt brutal? Ist es auch! Aber es wirkt! Der Hund soll wissen: Es ist gar keine besondere Sache, wenn Herrchen nach Hause kommt. Und jetzt kommt der Umkehrschluss: Es ist auch gar keine besondere Sache, wenn Herrchen das Haus verlässt!

Das war's
Herrchen und Frauchen haben mich verlassen. Für immer! Was habe ich nur gemacht!? Ok, ich war vielleicht nicht JEDESMAL sofort da, wenn sie mich gerufen haben, habe mich nicht GLEICH hingesetzt, wenn sie es von mir verlangten und möglicherweise ging ihnen auch mein Bellen auf die Nerven, wenn ich draußen einen anderen Hund oder einen Spaziergänger gesehen habe... Aber ich habe es doch nur gut gemeint! Und zwar gut für mich! Wie heißt es in allen Notfall-Plänen im Flugzeug: Helfen Sie zuerst sich selbst und dann anderen. Was habe ich nur falsch gemacht!? Oh, kommt da nicht ein Spaziergänger!? Warte, Bursche, dir gebe ich Saures!

Übung macht den Meister...

Das erfordert allerdings Übung und Geduld. Das Wichtigste ist: Kein Aufheben machen. Ziehen Sie doch mal öfter Ihre Jacke und Ihre Schuhe an, klimpern Sie mit dem Schlüssel und setzen Sie sich dann einfach vor den Fernseher. Der Hund soll denken: Aha, nicht immer, wenn er seine Jacke anzieht und mit dem Schlüssel klimpert, haut er auch ab.

Gut, dass du nach Hause gekommen bist, Herrchen!
Gerade eben waren Einbrecher da! Sie wollten alles verwüsten, ich konnte sie gerade noch hindern!

Das müssen Sie natürlich nicht nur drei Mal machen, sondern eher täglich drei Mal, dann wirkt es auch. Sie können dann zum Beispiel einfach auch mal öfters kommentarlos in einen Raum gehen und die Tür hinter sich schließen. Bleiben Sie dort einige Minuten (rauchen Sie eine, sofern Sie genug Tabak haben, gießen Sie dort die Blumen, wischen Sie Staub – so können Sie gleich Pluspunkte in Sachen Hausputz sammeln ...) und kommen Sie ebenso kommentarlos wieder heraus. Auch gut: Verlassen Sie das Haus durch den Vordereingang und kommen Sie zur Terrassentür wieder herein. Der Hund soll Ihr Kommen und gehen als völlig normalen Vorgang begreifen. Ganz wichtig dabei: gehen Sie immer erst dann wieder zu Ihrem Hund, wenn er nicht mehr bellt oder an der Tür kratzt! Er soll nicht zu der Meinung kommen, er muss nur lang genug bellen, dann kommen Sie schon wieder. Es kann schon einige Minuten dauern, bis er Ruhe gibt. Oder auch länger. Ziehen Sie sich also warm an, wenn Sie das im Winter üben. Und denken Sie an genug Tabak ...

... und Meister fallen nicht vom Himmel

Das mit dem Alleinsein kann einige Monate dauern. Bei uns war das so. Crosby hat anfangs ganz schön Rambazamba in der Wohnung gemacht. Ich muss zugeben, dass ich auch ganz schön Bedenken hatte, ihn allein zu lassen, zumal wir in der Wohnung wie gesagt recht wenig verändert hatten und viele Gegenstände für ihn erreichbar blieben. So hat er denn auch die erreichbaren Schuhe durch die Gegend geschleppt, Zeitungen gefleddert, die Fernbedienung probiert (die funktioniert sogar immer noch) und auch seine Geschäfte im Wohnzimmer verrichtet.

Koreanische Wertarbeit!
Diese Fernbedienung funktioniert immer noch, auch nach Crosbys „Bedienungsversuchen".

Dennoch haben wir ihn konsequent nach unserer Rückkehr nie ausgeschimpft, wenn mal wieder Chaos war, sondern einfach kommentarlos seine Werke beseitigt, ihn ignoriert und alles ganz normal erscheinen lassen. Wenn wir das Haus verließen, haben wir ihm immer ein Schweineohr gegeben, damit er erst einmal einige Zeit beschäftigt war und nicht an der Tür stand, das klappte ganz gut.
Heute gehen wir noch einen Schritt weiter und geben ihm sein Leckerli nur auf seiner Hundedecke, die im Wohnzimmer liegt. Sobald wir heute ein

Leckerli auspacken, rennt er schon zu seiner Decke, weil er weiß, dass er es erst dann bekommt, wenn er dort Platz macht. Er muss es dann auch dort verspeisen, so dass wir uns in der Zeit in Ruhe ankleiden und das Haus verlassen können. Das Ganze hat gut und gerne sechs Monate gedauert, doch heute können wir ihn über Stunden im Haus lassen, ohne dass wir Angst haben müssen, dass er irgendwelchen Unsinn macht.

Unser Praxis-Tipp für „verlassene" Hunde

Kommen und gehen muss für Ihren Hund normal werden. Üben Sie dies von Anfang an. Machen Sie kein Aufheben darum. Finden Sie sich damit ab, dass Sie einige Gegenstände Ihrer Einrichtung opfern müssen. Sehen Sie es positiv: Je weniger nachher in Ihrer Wohnung steht, desto weniger müssen Sie staubwischen!

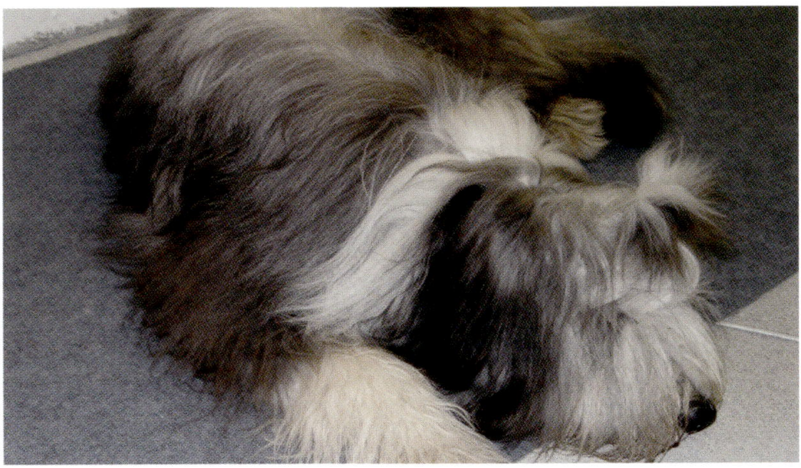

Schmutz ist Crosbys bester Freund

Es ist erstaunlich, wieviel Dreck sich so in einem Fell ansammeln kann! Und es ist noch viel erstaunlicher, welche Fläche im Haus man damit problemlos bedecken kann! Lassen Sie mich an dieser Stelle eine kurze Anekdote erzählen, die mir unlängst widerfahren ist:

Entgegen meiner Gewohnheit hatte ich mich in einem Anflug von übertriebenem Eifer dazu verstiegen, meiner Frau anzubieten, dass ich am nächsten Morgen (Sonntagmorgen) den Frühspaziergang mit Crosby übernehmen würde, damit sie mal etwas länger schlafen könne.

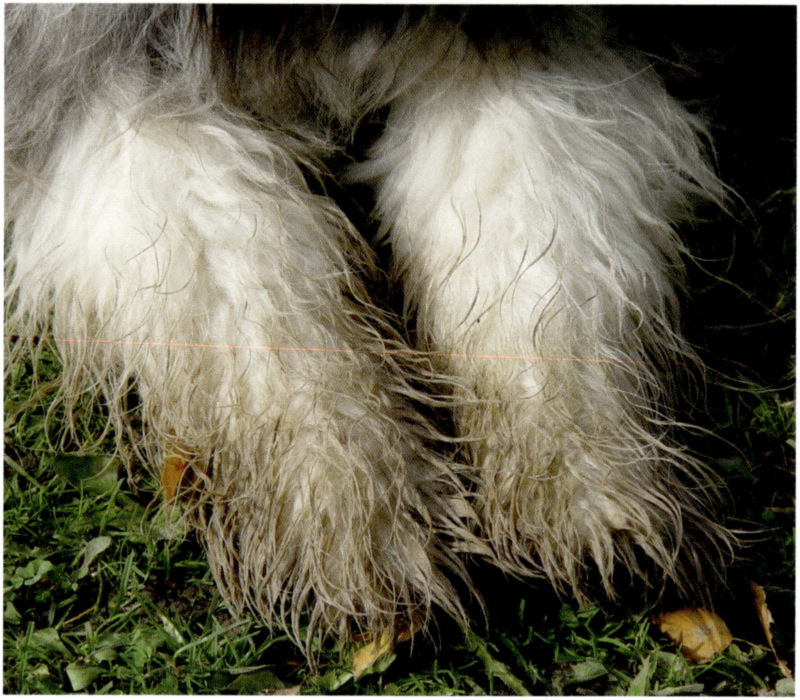

Gesagt, getan. Schlaftrunken schleppte ich mich also mit einsetzender Dämmerung aus den Federn und machte mich mit Crosby, der hocherfreut und motiviert wie immer schon vor unserem Bett gewartet hatte und sichtlich irritiert war, dass ich statt meiner Frau aufstand, auf den Weg. Ich spazierte mit ihm also durch die angrenzende Feldmark, die direkt hinter unserem Haus beginnt, zum nahegelegenen Sportplatz. Dort tobten wir wie immer mit seinem Ball, übten Hol- und Bringspiele, Fuß gehen, Sitz, Platz – kurz und gut: das ganze Programm. Hund erschöpft und glücklich, Herrchen erschöpft und immer noch müde.

Crosby hinterlässt Spuren

Wieder zuhause angekommen, ließ ich den Hund auf seiner Decke Platz nehmen (er ist das so gewohnt, wenn er nach Hause kommt) und verschwand unter die Dusche. Als ich dann wieder herunterkam, sah ich die Bescherung: Ich hatte vergessen, Crosby nach seinem Spaziergang draußen mit der Gießkanne abzuspülen (Läufe, Unterbauch und Schnauze), und er hatte sich indes aufgemacht, das Wohnzimmer Quadratzentimeter um Quadratzentimeter abzuschreiten und dabei Unmengen von Sand, Erde, Stöckchen, Blättern, Kletten und sonstigen Fremdkörpern in unserem Wohnzimmer zu verteilen.

Ogottogott …
Beardies assimilieren Schmutz. Sie sind schlammophil, also dreckansaugend. Wenn Sie einen Teppich haben, kaufen Sie keinen Beardie. Oder lassen Sie ihn einfach auf einem hellen Teppich abtropfen und verkaufen das Ganze als „Drop-in-Performance“ an eine New Yorker Künstlergalerie für viel Geld!

Statt also in Ruhe am Frühstückstisch zu sitzen, war Kerstin bereits dabei, – mit sagen wir mal angestrengter Miene – das ganze Untergeschoss zu wischen, abzusaugen, den Hund zu säubern und nebenbei noch das Frühstück vorzubereiten (hatte ich auch nicht dran gedacht …). Die halbe Stunde mehr Schlaf, die sie also hatte, wurde sogleich durch eine Stunde Saubermachen kompensiert. Was lernen wir daraus? Richtig! Es hat einfach keinen Zweck, wenn ich mich morgens auf den Weg mache, denn als notorischer Nachtarbeiter funktioniert mein Gehirn (Stichwort Mitdenken) eben erst ab 9.00 Uhr.

Meine verspätete Schulderklärung

- *Ja, ich hätte daran denken sollen, dass wir immer erst den Hund mit Wasser abspülen, bevor wir ihn in die Wohnung lassen*

- *Ja, ich hätte daran denken sollen, dass wir immer erst den Hund mit einem Handtuch abtrocknen, bevor wir ihn in die Wohnung lassen*

- *Ja, ich hätte daran denken sollen, dass wir den Hund sodann auf seiner Decke Platz nehmen lassen und dabei bleiben, bis er einigermaßen trocken ist*

- *Ja, ich hätte daran denken sollen, dass wir immer erst unseren Verstand einschalten, bevor wir mit dem Hund ausgehen und den Verstand auch eingeschaltet lassen, wenn wir wieder nach Hause kommen*

Die Prioritäten ändern sich

Warum ich Ihnen dies erzähle? Nun, ganz einfach: Seit wir Crosby haben, hat der Faktor „Schmutz" einen ganz anderen Stellenwert in unserem Leben erhalten. Waren es vorher Gegenstände wie der Fernseher, das Sofa, der Kühlschrank oder meine Gitarren, die im Mittelpunkt unseres täglichen Lebens standen, so sind es jetzt der Staubsauger, der Besen, der Handfeger, die Küchenrolle, der Hundekotbeutel, die Hundebürste usw.

Unsere Praxis-Tipps für schmutztolerante Hundehalter

- Bleiben Sie locker! Lassen Sie Schmutz als ganz natürlichen Teil Ihres täglichen Lebens zu! Wehren Sie sich nicht unnötig gegen Blätter, Sand, Kletten, tote Insekten – die Natur ist stärker.

- Und jetzt im Ernst: Kaufen Sie sich einen Staubsauger ohne Beutel – der Beutel-Verbrauch kostet eine Menge Geld. Fegen Sie mit einem Besen den Boden (auch Teppich kann man gut fegen!), bevor Sie den Staubsauger anwerfen.

- Spülen Sie die Beine Ihres Hundes mit Wasser ab, bevor er in die Wohnung geht – hierfür eignet sich beispielsweise eine Gießkanne sehr gut. Trocknen Sie dann den Hund mit einem Handtuch ab.

- Gewöhnen Sie den Hund daran, nach dem Betreten der Wohnung auf einer bereitgelegten Decke erst mal PLATZ zu machen und dort solange zu bleiben, bis Sie das Kommando auflösen. Er darf nicht von selbst

Und was gab es bei Ihnen zu Mittag?
Das Schöne bei Crosby ist, dass man noch am Mittwoch sehen kann, was es am Montag zu essen gab...

aufstehen! Wir lassen Crosby dann ca.15-20 Minuten auf seinen Decken bzw. Handtüchern liegen, dann lösen wir das Kommando PLATZ mit dem Kommando OK oder KOMM auf.

- Und hat sich Crosby mal in unangenehm riechenden Dingen gewälzt (z.B. in anderem Hundedreck), so nehmen wir einen Eimer mit lauwarmem Seifenwasser (Wasser mit Flüssigseife), einen Handfeger und säubern ihn mit dem getränkten Handfeger. So schwemmen wir den Dreck aus seinem Fell, das klappt ganz gut. Anschließend tupfen wir ihn mit einer Küchenrolle ab, um den Restschmutz aus dem Fell zu saugen.

Hundepflege – die unendliche Geschichte

Hundepflege ist das eine – Hauspflege das andere! Das war mir bei der Anschaffung unseres Kleinen wirklich nicht so klar. Den Hund zu pflegen hatte ich geschickterweise in die Hände meiner Frau deligieren können, aber die Pflege unseres Hauses ist dann doch leider auch mit zu meiner Aufgabe geworden. Die Erfahrungen, die wir im Laufe des ersten Jahres mit Crosby in diesem Bereich gemacht haben, wollen wir Ihnen nicht vorenthalten.

Eine haarige Angelegenheit...
Wenn Sie gerne stricken – Wolle genug wirft ein Beardie ab!

Langes Fell braucht Pflege

Wenn Sie sich für einen Beardie – oder eine andere langhaarige Rasse – entscheiden, fragen Sie sich vorher, ob Sie alle 2-3 Tage (!) 1-2 Stunden für die Fellpflege aufwenden wollen und können. Das ist nicht übertrieben, im Gegenteil: Je öfter Sie ihn bürsten, desto einfacher geht es. Neben dem Bürsten müssen Sie aber auch seine Ohren kontrollieren (Ohrhaare müssen gelegentlich gezupft werden, damit sie nicht zu lang werden und es zu Entzündungen kommt), seine Krallen kontrollieren (dürfen nicht zu lang werden) und seine Zähne checken.

Ich hasse es!
Warum muss ich mich alle Nase lang auf diesen blöden Tisch legen? Warum reißen meine Menschen dann immer stundenlang an meinem schönen Fell herum und freuen sich hinterher darüber, wie viel meines wertvollen Pelzes sie mir entrissen haben? Menschen sind bisweilen seltsam! Ich vermute, sie verkloppen meine Mähne heimlich bei ebay und kaufen sich davon irgendwelche überflüssigen Dinge, wie zum Beispiel Schuhe oder so was ...

Die Zähne

Bei seinen Zähnen hatte Crosby anfangs ein Problem: Seine Milch-Eckzähne wollten nicht weichen, so dass die nachdrängenden „richtigen" Eckzähne drohten, schief herauszuwachsen. Also sind wir mit ihm zum Tierarzt, der dann (unter Vollnarkose) seine Milchzähne entfernte.

Armer Crosby

Das war keine schöne Angelegenheit und der arme Kleine tat uns auch wirklich leid, wie er dann da so lag nach der OP: blutverschmiertes Maul, fix und alle. Wir warteten in der Tierklinik, bis er wieder etwas aufgewacht war und haben ihn dann ins Auto getragen. Zuhause angekommen, lag er den ganzen Tag auf einer Decke und war völlig k.o. Einmal wollte er aufstehen und zur Terrassentür gehen, um anzuzeigen, dass er Gassi musste. Leider hat das nicht geklappt und er pinkelte wackelig im Stehen direkt ins Wohnzimmer. Er hat mir richtig leid getan, weil man sehen konnte, dass ihm das sehr peinlich war und er sich schämte. Sicher werden jetzt alle Tierpsychologen aufschreien und sagen: Hunden ist nichts peinlich, die kennen solche Gefühle nicht. Aber ich sage Ihnen: Es war ihm peinlich!

Diesen ersten Tag nach der OP hat er nichts gefressen, er hat es einmal versucht und nach dem ersten Kontakt seines Futters mit seinem wunden Maul derartig aufgeschrien, wie ich das noch nicht gehört habe – es ging durch Mark und Bein. Danach hat er nichts mehr angerührt – wir auch nicht. Ich finde, es gibt kaum etwas Schlimmeres, als ein Tier hilflos vor Schmerz aufheulen zu hören. Da werden in einem echte „Elterngefühle“ geweckt und spätestens seit dem ist mir Crosby wirklich ans Herz gewachsen.
Bereits am nächsten Tag konnte er erstaunlicherweise schon wieder normal fressen und benahm sich, als ob nie etwas gewesen wäre. Das war schon beeindruckend. Der Tierarzt hatte uns dies allerdings auch vorausgesagt. Tiere stecken solche Dinge schneller weg als wir Menschen.

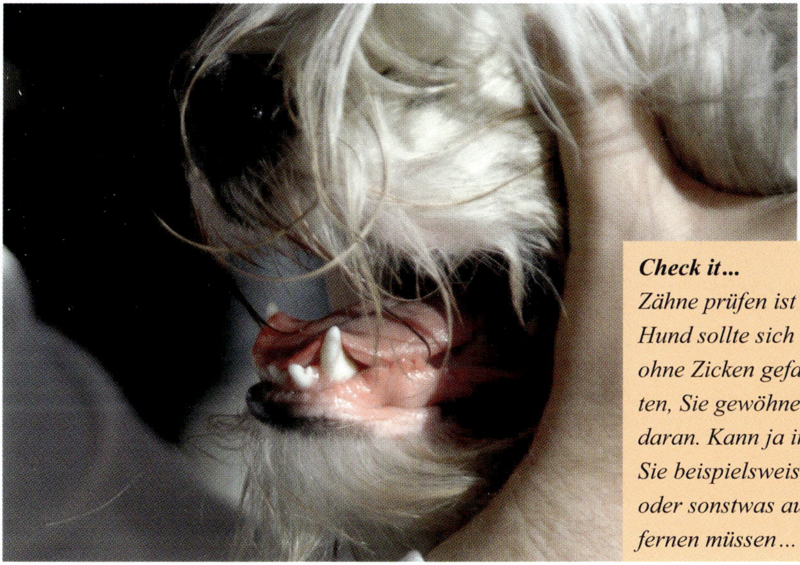

Check it...
Zähne prüfen ist sehr wichtig – Ihr Hund sollte sich diese Prozedur ohne Zicken gefallen lassen. Am besten, Sie gewöhnen ihn von kleinauf daran. Kann ja immer mal sein, dass Sie beispielsweise ein Stöckchen oder sonstwas aus seinem Fang entfernen müssen...

Unsere Praxis-Tipps zur Zahnkontrolle und -pflege

- Sie müssen von Anfang an die Zähne Ihres Welpen kontrollieren. Wichtig ist dabei, dass der Welpe sich jederzeit von Ihnen und anderen Personen anfassen lässt, ohne zu murren. Gewöhnen Sie ihn daran, indem Sie ihn regelmäßig untersuchen – öffnen Sie sein Maul, checken

Sie seine Zähne und fassen Sie in seinen Fang. Haben Sie dabei keine Angst – Ihr Hund wird Sie nicht gleich beißen! Wenn er doch Zicken macht, sagen Sie ihm ein klares NEIN und fahren Sie dann unbeirrt fort.

- Zur Klarstellung der Kompetenzen können Sie den sogenannten „Schnautzengriff" anwenden: Hierbei umfassen Sie den Oberkiefer Ihres Hundes und drücken die Leftzen an seine obere Zahnreihe – das wirkt. Es mag Ihnen brutal vorkommen, diesen Griff anzuwenden, aber es kann sein, dass es nötig wird. Bitte bedenken Sie, dass Ihr Hund nicht weiß, welche Kraft von seinem Gebiss ausgeht! Wir (die Menschen) müssen ihm klarmachen, dass sein Gebiss nur sehr vorsichtig eingesetzt werden darf!

- Gut ist auch diese Vorgehensweise: Wenn Ihr Hund Sie versehentlich doch mal gezwickt haben sollte, schreien Sie auf, als ob er Ihnen zwei von fünf Fingern einer Hand abgebissen hätte, beenden Sie sofort das Spiel oder die Untersuchung und krümmen Sie sich in Schmerzen (Ihrer Theatralik sind keine Grenzen gesetzt!) – der Hund soll denken, er habe Sie massiv verletzt! Das ist eine zweckdienliche Verstärkung eines Eindruckes, den der Hund so verstehen soll: Ich habe es übertrieben! Das funktioniert in der Regel sehr gut. Außer Ihr Hund ist sadistisch veranlagt ...

Milchzähne
Man findet sie irgendwann irgendwo in der Wohnung – oder auch nicht ...

Das Fell

Hier waren Nerven gefragt. Es gehört nicht zu den Lieblingsbeschäftigungen der Bearded Collies, sich stundenlang kämmen und bürsten zu lassen. Aber genau das ist zwingend erforderlich, wenn Sie möchten, dass Ihr

Beardie – oder welche Langhaarrasse Sie sonst besitzen – ein ansehnliches Fell behält! Alle zwei bis drei Tage müssen Sie ihn intensiv bürsten, sonst verfilzt das Fell dermaßen, dass Sie nur noch zur Schere greifen können. Manche Beardie-Besitzer lassen ihre Hunde trimmen – davon halten wir aber gar nichts. So ein geschorener Beardie sieht verboten aus! Es ist einfach wider seine Natur.

Hairstyling
Crosby trägt ein Gummiband im Haar – das rutscht nicht ab, kostet fast nix und verleiht ihm seine unverwechselbare Frisur! Doch vor allem: er kann was sehen!

Natürlich kommt dem Fell der Hunde auch eine Schutzfunktion zu, weil es – außer vor Kälte und Nässe – den Hund vor übermäßiger UV-Strahlung schützt! Uns wurde des Öfteren gesagt, dass ein verminderter UV-Schutz das Risiko einer Hautkrebserkrankung stark erhöht!
Wie also haben wir Crosby dazu gebracht, sich regelmäßig einer derartigen Tortur zu unterziehen? Um ehrlich zu sein: Er findet es noch immer blöd und sträubt sich schwer dagegen ...

Die Ohren

Auch so ein Thema! Bei Hunden, deren Ohren gut belüftet werden, weil sie Stehohren haben, gibt es weniger Probleme. In solchen Ohren fühlen sich fiese Bakterien einfach nicht so wohl. Bei Hunden wie Crosby, deren Ohren dicht bewachsen sind und zudem noch nach unten hängen, fühlen sich die kleinen Plagegeister dagegen so richtig wohl: Es ist warm, feucht und dunkel. Was also machen? Auf jeden Fall regelmäßig checken! Wenn Ihr Hund durch die Gegend läuft und dabei den Kopf auffällig schräg hält, können Sie annehmen, dass in dem Ohr, das zum Boden zeigt, etwas nicht stimmt! Manchmal schütteln sich die Hunde dann auch – sie wollen einen Fremdkörper im Ohr loswerden.

Auch wenn sich Ihr Hund nicht schüttelt, ja selbst wenn seine Ohren steil himmelwärts zeigen sollten: Ein prüfender Blick lohnt immer. Bei unserem Langohr schneiden wir seine Haare im Ohr regelmäßig kurz. Man kann sie natürlich auch herausrupfen – eine ebenfalls sehr beliebte Technik, allerdings nur bei Menschen sehr beliebt. Hunde hingegen und Crosby insbesondere halten allerdings wenig bis gar nichts davon, dass man Ihnen das Fell aus den Ohren zieht! Des weiteren achten wir darauf, dass sich nach Möglichkeit kein Schmutz im Ohr absetzt.

Ob Sie nun die Ohrhaare schneiden oder zupfen, wichtig ist in jedem Fall, dass Sie Ihren Hund von Kindesbeinen an daran gewöhnen, dass man in seinem Ohr herumwühlt. Wir haben hierfür den Befehl STILL eingeführt. STILL bedeutet, dass Crosby sich nicht bewegen darf. Diesen Befehl halten wir möglichst kurz, da es dem Hund sehr schwer fällt, regungslos dazuliegen. Nach jedem erfolgreichen Stillhalten wird er sofort mit FEIN und einem Leckerli belohnt. Auf diese Art und Weise hat Crosby im Laufe der Zeit gelernt, etwas Angenehmes mit dem Ohrenreinigen zu verbinden. Das er allerdings durch das Reinigen besser hört, können wir nicht bestätigen.

Die Ballen und Krallen

Klackert Ihr Hund übers Parkett? Obacht! Seine Krallen könnten zu lang sein. Nun muss man nicht gleich regelmäßig zur Zange greifen oder zum Tierarzt rennen. Wenn Sie Ihren Hund ausreichend draußen (das ist da, wo es immer so eklig kalt, warm oder nass ist) bewegen und ihn dabei auch über harte Untergründe (Feldwege, Bürgersteige usw.) führen, schleifen sich die Krallen ausreichend ab. Manchmal allerdings macht die sogenannte „Wolfskralle" (das ist die, die weiter oben am Bein sitzt) Probleme. Die schleift sich nämlich nicht ab (hat ja keinen Bodenkontakt) und kann dann so lang wachsen und sich dabei eindrehen, dass sie den Hund arg stört. Also ist Checken angesagt.

Bei Crosby ist es außerdem so, dass er so dermaßen viele Haare hat, dass auch seine Füße total behaart sind. Diese Haare saugen Fremdkörper (Tannennadeln, Steinchen usw.) regelrecht an und verfilzen leicht. Hat er mal so einen verfilzten Klumpen unter den Ballen, läuft er „unrund". Wir dachten beim ersten Mal erst, er hätte sich an der Pfote verletzt, als er anfing leicht zu humpeln. Als wir ihn dann zu Hause untersuchten, konnten wir allerdings nichts feststellen. Freunde machten uns dann darauf aufmerksam, ob wir denn schon mal geschaut hätten, ob eventuell seine Ballen verfilzt seien. Also haben wir geschaut und siehe da – das Fell dort war steinhart und musste beim Laufen entsprechend drücken. Nachdem wir mit der Schere die Verfilzungen weggeschnitten hatten, lief er wieder wie vorher.

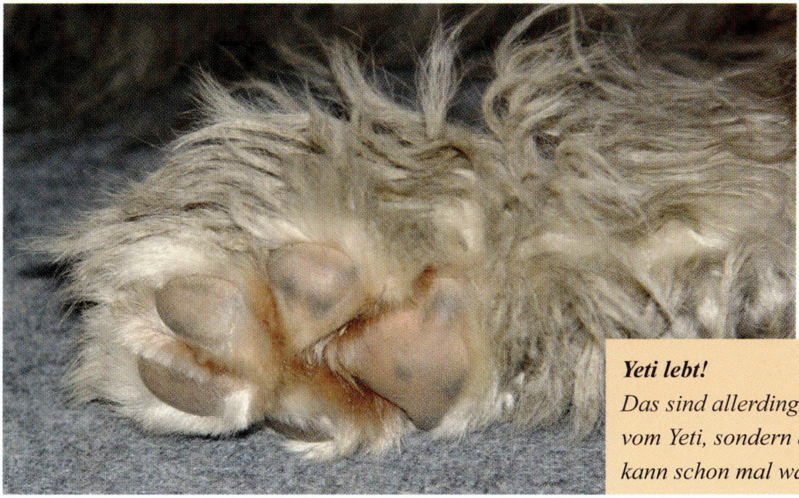

Yeti lebt!
Das sind allerdings nicht die Beine vom Yeti, sondern die von Crosby! Da kann schon mal was verfilzen, gell!?

Urlaub: Irgendwas ist anders als sonst

Es ist ja nicht von der Hand zu weisen: Urlaub ist eine feine Sache. Erst durch Crosby haben wir uns daran wieder erinnert, denn in den letzten fünf Jahren hatten wir keinen Urlaub gemacht. Ich hatte mich selbstständig gemacht, wir haben gebaut und – zack – fünf Jahre waren rum. Soviel zur Vorgeschichte.

Fanø in Dänemark – die ideale Hundeinsel... *Das jährliche Drachenfest auf Fanø, ideal, um Ihren Hund zum Beispiel an 10 Meter große Sandmännchen zu gewöhnen – kann man ja immer mal treffen!*

Liebe Freunde von uns (Susi und Andreas, der übrigens die meisten der Fotos in diesem Buch gemacht hat) sind seit Jahren begeisterte Fanø-Urlauber. Fanø ist eine dänische Insel und extrem hundegeeignet. Susi und Andreas hatten selbst viele Jahre lang einen Rauhhaardackel namens Wippo, mit dem sie auf Fanø Jahr für Jahr ihren Urlaub in einem Ferienhaus verbrachten. Schließlich luden sie uns und Crosby ein, sie auf ein verlängertes Wochenende zu besuchen. Dies sollte unser besagter Urlaub werden.

Dänemark ruft

Nun sollte es losgehen. Wir waren schon etwas aufgeregt: Crosby war ein halbes Jahr alt und wir wussten nicht so recht, wie er die lange Autofahrt (gut sechs Stunden) und den Ortswechsel aufnehmen würde. Sehr früh morgens (ich glaube, es war drei Uhr) sind wir aufgestanden, haben gefrühstückt (normalerweise hätte ich das als spätes Abendessen durchgehen lassen...) und das Auto beladen. Crosby hat sich nichts dabei gedacht, er kannte ja diese Situation auch noch nicht. Dann fuhren wir los.

Nach zwei Stunden suchten wir an der Autobahn einen ruhigen Rastplatz auf, damit Crosby Gassi gehen sollte. Wollte er aber nicht. Er war total aufgeregt an der Autobahn, wollte weder trinken noch fressen noch pinkeln. Man merkte, dass er zuhause in einer sehr ruhigen Umgebung lebt, der Lärm an der Autobahn hat ihn ziemlich gestresst. Die Autofahrt an sich überstand er erstaunlich gut, die kurze Überfahrt mit der Autofähre ebenfalls. So gegen zehn Uhr morgens waren wir dann auf der Insel und trafen Susi und Andreas. Damit hatte Crosby nicht gerechnet! Er war total aufgeregt und konnte sich nur schwer wieder einkriegen, wie wir so sagen.
Nach der Ankunft im Ferienhaus haben wir uns erst mal auf der Terrasse in der Sonne etwas aufgewärmt. Die ganze Ferienhaussiedlung ist in einer hügeligen Dünenlandschaft in Küstennähe angelegt, mit wunderschönen, typisch dänischen Holzhäusern. Für den Hund eine paradiesische Landschaft, zudem sind Hunde dort gern gesehene Gäste. Sehr empfehlenswert!

Machen auch Hunde Urlaub?

Man stellt sich ja als Hundebesitzer die Frage: Merkt der Hund, dass er im Urlaub ist? Irgendwie ja. Das liegt sicher daran, dass Herrchen und Frauchen plötzlich den ganzen Tag da sind und auch noch Zeit haben! Jetzt kann man natürlich sagen: Ja, aber ist es denn so gut, jetzt den ganzen Tag für den Hund da zu sein? Fällt es denn dem Hund dann nicht wieder umso schwerer, in den normalen Alltag zurückzufinden, wo ihm nicht so viel Aufmerksamkeit geschenkt werden kann? Ich finde, das ist kein großes Problem. Im Gegenteil: Man kann den Urlaub nutzen, um mit dem Hund intensiver zu arbeiten, die Bindung in einer fremden Umgebung zu stärken (das funktioniert wirklich besser in einer fremden Umgebung, in der der Hund schon mal eher Schutz in unserer Nähe sucht) und ihm eine Reihe neuer Sinneseindrücke zu vermitteln (Salzwasser, Sand, Dünen, die dänische Sprache ...).

Vom Winde verweht
In Dänemark zieht es – ist ja auch kein Berg da, um den Wind aufzuhalten. Entsprechend wirr sieht Crosbys Frisur aus!

In den folgenden Tagen hat Crosby viel erlebt. Während unseres Aufenthaltes auf der Insel fand auch das alljährliche Drachenfest statt – Tausende von Drachen unterschiedlichster Farbe, Form und Größe wurden ein Wochenende lang am Strand gezeigt – ein imposantes, fast surreales Bild. Muss man mal gesehen haben. Für den Hund jede Menge Neues, vor dem er aber zunächst Angst hatte.

Die Gewöhnung an das Wasser haben wir übrigens im Spiel erreicht: Wir haben einfach ein Stöckchen über einen seichten Priel geworfen – beim Hinterherlaufen musste Crosby dann automatisch durchs Wasser. Wir haben ihn also gar nicht erst auf eine besondere Situation aufmerksam gemacht, sondern das Ganze als völlig normal behandelt.
Schlafen sollte Crosby übrigens bei uns im Zimmer. Aber Crosby wäre nicht Crosby, wenn er das nicht total daneben gefunden hätte. Er hat es als Welpe schon nicht gemocht, in einem Raum eingeschlossen zu sein! Also mussten wir die Türe öffnen und ihn frei im Haus laufen lassen. Er sucht sich dann seinen Schlafplatz bzw. seine Schlafplätze. Dabei hat er sich erstaunlich schnell in dem für ihn fremden Haus zurechtgefunden. Für den Hund war der Urlaub sicher ein Erlebnis. Die vielen Sinneseindrücke, die

er sammeln konnte, wird er sich gemerkt haben, und auch für uns war es schön, die langen Spaziergänge mit ihm am Strand machen zu können.
Wie Sie hier sehen können, haben wir ihn dabei größtenteils an der Langleine geführt, da er zu dieser Zeit (und bis heute) nicht wirklich zuverlässig kommt, wenn wir ihn rufen. Daher waren wir eher vorsichtig, ihn frei laufen zu lassen. Viele Hundebesitzer, die ich kenne, sehen das etwas lockerer, aber ich bin der Ansicht, dass man den Hund erst dann frei laufen lassen sollte, wenn man sicher davon ausgehen kann, dass man ihn auch zuverlässig abrufen kann.
Wir haben ihn am Strand auch mal frei laufen lassen, aber eben nur in solchen Strandabschnitten, die ruhig waren und wo wir die Situation einschätzen konnten. Der feste sandige Untergrund war auf jeden Fall für Crosby super, um mal richtig loszurennen – das hat er genossen!

Und weg war er

Wir hätten es ahnen müssen! Crosby hatte schon den Abend zuvor deutliche – sagen wir – örtliche Ausdehnungstendenzen gezeigt: Er war nämlich das erste Mal aus der Haustür gelaufen, als Kerstin von einer Einkaufstour nach Hause kam. In gewohnter Manier lief er zur Tür, als er das Drehen des Schlüssels im Schloss vernahm. Man muss dazu wissen, dass wir es uns angewöhnt hatten, die Haustür grundsätzlich abzuschließen – egal ob wir daheim waren oder nicht. Warum? Eines Tages, als ich nichtsahnend aus meinem Büro im Keller nach oben kam, stand unsere Haustüre offen und Crosby saß brav in der Diele, direkt an der Tür, um sich in aller Ruhe das Geschehen draußen anzusehen. Er hatte die Tür geöffnet. Nun ist bei uns vor der Haustür Gott sei Dank nichts los, man blickt nur in den Vorgarten und auf das Nachbarhaus! Wäre draußen eine Ablenkungsquelle gewesen, er wäre mit Sicherheit sofort hingerannt. Aber so war er zum Glück im Haus geblieben. Und wir hatten dazugelernt.

Crosby will raus

Nun betrat Kerstin also das Haus und Crosby versuchte, sie wie immer durch Herumschwänzeln und Drumrumlaufen zu begrüßen. Diesmal sprang er dann allerdings urplötzlich aus der Türe und verschwand hinter der Hausecke in Richtung Wiese hinter dem Haus. Nach einigem energischen Rufen kam er dann allerdings gleich zurück. Wir maßen diesem Ereignis keine große Bedeutung zu und gingen wieder zur Tagesordnung über. Ich erinnere mich noch daran, dass wir den Vorfall kurz thematisiert hatten und übereingekommen waren, dass er in den letzten Tagen doch recht wenig Bewegung hatte, da wir beide sehr viel zu tun hatten. Crosby wollte uns also wahrscheinlich einfach zeigen, dass er gern mal wieder draußen frei laufen wollte.

Zur Erklärung: Wir lassen ihn nur dort frei laufen, wo wir uns sicher fühlen, und da wir unseren Garten nicht eingezäunt haben, müssen wir also jeweils in die Feldmark oder auf den Hundeplatz gehen, wenn wir ihn frei laufen lassen wollen. Und dazu waren wir in den letzten Tagen nur unzureichend gekommen.

An jenem besagten Tag ging Kerstin dann nach dem Mittag mit Crosby erstmals seit einigen Tagen wieder eine längere Runde in der Feldmark spazieren. Auf einer großen Wiese in sicherem Abstand zu unserem Dorf ließ sie ihn dann (mit seiner Schleppleine) frei laufen. Im Spiel wurde er mehrfach wieder herangerufen, was auch wunderbar klappte. Nach ausgiebigem Laufen und Toben wollte Kerstin dann in Waldnähe schließlich wieder seine Schleppleine aufnehmen und mit ihm den Weg fortsetzen.
Just in dem Moment, in dem sie die Leine wieder in den Händen hielt, schoss Crosby allerdings plötzlich direkt in Richtung Wald davon. Kerstin spürte nur noch, wie die Schleppleine mit Lichtgeschwindigkeit durch ihre Hand pfiff, um im nächsten Moment ohne Leine und Hund, aber mit einer Schnittwunde in der Handinnenfläche allein auf dem Weg zu stehen.

Weglaufen?
Können Sie sich vorstellen, dass dieser Hund weglaufen könnte!? Wie denn? Der kann doch gar nichts sehen! Und doch sollte es passieren – Crosbys „blind date“ mit der Freiheit…

WANTED: Crosby
Teilweise wohlerzogener Beardie geflüchtet! Hört manchmal auf den Namen Crosby. Besondere Merkmale: Immer schmutziger Bart, Gummiband im Haar, fürchterlich neugierig, springt an allem und jedem hoch. Wenn Sie ihn sehen: Rufen Sie ihn nicht – es bringt nichts! Imitieren Sie stattdessen einfach einen Jogger oder einen Trecker, dann folgt er Ihnen sofort! Für die Reinigung Ihrer verschmutzten Kleidung nach einer Begegnung mit ihm kommen wir natürlich auf.

Und tschüss …

Crosby war abgehauen! Direkt in den Wald, und rannte den steilen Berg hinauf. Ehe sie es sich versah, war er aus ihrem Blickfeld verschwunden. Erstmal kein Grund zur Panik – schon dann und wann war er in den Wald gerannt, aber nach kurzem Rufen gleich wieder zurückgekommen. Nicht so dieses Mal... Kerstin rief immer wieder nach ihm – ohne Erfolg. Was tun? Wir haben gelernt: Warten. Der kommt schon wieder. Also war Warten angesagt. Haben Sie schon mal erlebt, wie lang eine Minute dauern kann? Haben Sie auch schon mal erlebt, wie lang drei Minuten sein können? (Z.B. wenn Sie auf Ihr Frühstücksei warten.) Oder wie lange fünf Minuten sein können? (Z.B. die Werbeunterbrechung während Ihres Lieblingsfilms!).

Jedenfalls hat Kerstin sich dann nach zehn Minuten auf den Weg zu ihren Eltern gemacht, die etwa zwei Kilometer entfernt wohnen, und mich von dort angerufen: „Der Hund ist weg – du musst suchen helfen!"

Und was jetzt?

PANIK! Ich ließ alles stehen und liegen, sprintete ins Auto und fuhr zu der Stelle, wo er abgehauen war. Genaugenommen in die Nähe der Stelle, denn der Platz des Unglücks war mit dem Auto nicht zu erreichen. Inzwischen hatte sich Kerstin zusammen mit ihrem Vater auf die Suche in den Wald begeben, so dass wir nun zu dritt durch die Gegend irrten. Es war sehr matschig und ich trug nur meine (bis dato) guten Halbschuhe – ein Fehler! Und so rannten wir etwa eine Stunde ziellos durch die Gegend, standen ständig per Handy in Kontakt, und es beschlich mich langsam ein ungutes Gefühl, zumal auch die Dämmerung langsam einsetzte.
Als ich bereits zu überlegen begann, wie wir wohl in der Dunkelheit unsere Suche fortsetzen würden, nahm ich plötzlich in der Ferne – auf der anderen Seite des Tals – einen hellen Fleck wahr. Das konnte nur Crosby sein! Also begann ich mit meinen Halbschuhen über die nassen Äcker zu laufen. Mit jedem Schritt wuchs ich in die Höhe, soviel Matsch sammelte sich unter meinen Sohlen. Egal! Weiter! Mit jedem Schritt wuchs die Gewissheit: Er ist es! Da steht er! Genau dort, wo er abgehauen war!

Hallo?
Irgendwo hier musste er sein... Warum gibt es kein GPS für Hunde? Aber so: Man sieht den Hund vor lauter Bäumen nicht!

Das Gelände stieg steil an, ich rannte weiter. Ich konnte seit einigen Minuten nicht mehr atmen, egal, wird morgen nachgeholt. Weiter. „Es ist Crosby!“ Ich sah ihn jetzt deutlich, noch 50 Meter. Ich pfiff aus dem allerletzten Loch. Wollte ihn rufen, konnte aber nicht, da ich keine Luft mehr hatte. Versuchte zu pfeifen, es kamen aber nur heiße Luft und Kekskrümel. Noch 20 Meter. „Er muss mich doch sehen!“ Nein! Stattdessen lief er langsam den Weg entlang, genau von mir weg! Ich erreichte den Weg. Noch etwa 10 Meter, dann würde ich ihn haben. 9 Meter, 8, 7, 6, 5, 4, 3, 2, 1 – ich hatte Kontakt und kriegte die Langleine zu fassen. Hab’ ihn!
Crosby kommt fröhlich zu mir, als ob nichts gewesen wäre. Ich ringe nach Luft, nehme ihn und gehe zurück zum Auto. Er folgt brav. Ich hatte den Eindruck, er wusste, dass er Mist gebaut hatte. Wir fuhren nach Hause und er freute sich, Kerstin wiederzusehen. Ich wollte nur noch ins Bett. Von mir aus mit Schuhen. Weglaufen ist Mist. Wieder einfangen ist richtiger Mist! Ich wünsche mir eine Schildkröte...

Teil 2

Erziehung –

unser Weg zum Gentle Dog Guiding

Also lautet ein Beschluss, dass der Hund was lernen muss!

Jetzt wird's ernst. Erziehung – das Kernthema für jeden Hundebesitzer! Eines gleich vorweg: Jeder Hund ist anders. Jeder Mensch ist anders. Jede Situation ist anders. Das haben wir in unserem mühevollen, lehrreichen ersten Jahr mit Crosby gelernt. In den vielen Büchern, die wir zur Vorbereitung gelesen hatten, waren denn auch die unterschiedlichsten Beiträge zum Thema Erziehung zu lesen, die sich teilweise sogar diametral entgegenstanden! Was mich dabei allerdings irritierte, war der Umstand, dass so ziemlich jeder Autor darauf verwies, dass seine Erziehungsmethode von Erfolg gekrönt sei. Wie konnte das sein? Ich hatte bis dato gedacht: So und so bringst du dem Hund was bei und dann kann er das.

Viele Wege führen nach Rom

Nachdenken ... Kann es wohl sein, frage ich mich, dass es möglicherweise gar nicht DIE richtige Erziehungsmethode gibt? Kann es wohl auch ferner sein, dass es gar nicht DEN Hund gibt? Und schließlich: Kann es wohl auch sein, dass es auch DEN Menschen gar nicht gibt? Nur mal angenommen, dem wäre so, dann würde das wohl bedeuten, dass das Thema Erziehung anscheinend doch etwas komplizierter ist als man so meint.

Für diese These spricht meine Beobachtung, dass Hunde der selben Rasse (ich nehme jetzt mal die Beardies) sich doch sehr unterschiedlich in ihrem Verhalten zeigen, obwohl sich die mir bekannten Halter alle auf eine gewaltfreie Erziehung beziehen. Rein theoretisch müssten dann ja auch die Hunde ein einigermaßen gleiches Verhalten aufzeigen – tun sie aber nicht. Eigentlich keine wirkliche Überraschung – schließlich leben die Hunde ja in unterschiedlichen Verhältnissen und werden von unterschiedlich veranlagten Menschen erzogen. Wie hoch dabei der Grad des Einflusses der Menschen auf ihren Hund allerdings ist, verwunderte mich dann doch – eine Hundetrainerin erzählte mir von einer Studie, die belegt, dass der Hund in seinem Verhalten nur zu etwa 20% durch erbliche Faktoren, aber zu 80% durch das Verhalten seiner Menschen geprägt werden würde! Das hätte ich dann doch nicht erwartet.

Erziehung ist das A und O

Wenn dem so ist, tragen wir Menschen mit unserem Verhalten und unseren Erziehungsmethoden also ganz wesentlich dazu bei, wie der Hund sich in seinem Leben verhalten wird. Angesichts dieser Überlegungen wurde mir ganz flau im Magen und ich sah mich schon Konzepte und Trainingspläne entwerfen, Zeitabläufe planen, Ernährungspläne aufstellen und Hundekotkonsistenztabellen führen! Aber mal im Ernst: Hätten Sie Bock darauf? Ich nicht. Ich möchte einfach mein Leben führen und dabei einen Hund haben! Aber so geht es leider auch nicht. Ein Hund führt schon zu einer Umstellung im Leben, und zwar nicht zu knapp. Und wenn man außerdem auch noch den Anspruch hegt, einen sozial verträglichen, zuverlässigen Kumpel zu haben, muss man (leider) wohl doch einiges dafür tun, fürchte ich.
Man kann sich ja mal fragen, was denn passiert, wenn man dem Kapitel „Erziehung" keine sonderliche Bedeutung beimisst! Ich fürchte, dies tun einige Hundehalter, und als Folge dieses unüberlegten Handelns kommt es eben zu solchen Problemen, von denen man einiges hört und liest. Man darf ja eins nicht vergessen: Ein Hund ist kein Goldfisch! Er hat Kraft, er hat Zähne, und er kann sowohl Artgenossen als auch Menschen ernsthaft verletzen. Allein aus diesem Grund ist eine Erziehung für Mensch und Hund unerlässlich.
Die Erziehungsmethode muss sich dabei jeder Hundehalter gleichwohl selbst überlegen, indem er seinen Hund, dessen Umgebung und nicht zuletzt sich selbst in die Überlegungen einbezieht – eine Aufgabe, die nicht gerade einfach ist und eine Menge an Zeit und Übung erfordert.

Lernen, lernen, lernen …
Wann gibt es endlich die 38,5-Stunden Woche für uns Hunde?

Hundeschule – aber welche?

Wir fühlten also, dass der Zeitpunkt gekommen war, uns dann doch ernsthaft mit dem Thema Erziehung zu beschäftigen. Crosby war jetzt vielleicht fünf Monate alt. Heute wissen wir, dass wir schon viel früher hätten anfangen sollen, ihn – mit professioneller Hilfe – zu erziehen. Ich bin sonst kein Freund von Geld ausgeben und regle meine Dinge am liebsten selbst. Aber im Fall der Hundeerziehung kann ich nur sagen, dass es gut ist, eine Hundeschule aufzusuchen, da dort in der Regel einfach mehr Erfahrung seitens der Trainer da ist und man zudem Gelegenheit erhält, sich mit Leidensgenossen auszutauschen!

Tunnelblick, die Erste

Hundeschule, wie sie leibt und lebt! Die Hunde sollen durch den Tunnel gehen – wie Sie sehen, erkläre ich Crosby gerade die Sachlage.

Die Qual der Wahl

ABER: Die Hundeschule will wohl gewählt sein! In der ersten Hundeschule, in der wir waren, fühlten wir uns von Anfang an unwohl. Die Örtlichkeiten – es war Winter – waren recht ungemütlich und die Trainingsmethoden erschienen uns zu hart für unseren Hund. Wissen Sie, ich finde, man spürt als aufmerksamer Hundehalter, wie viel Druck ein Hund benötigt, also wie

Tunnelblick, die Zweite
Vier (!) Leute waren nötig, um Crosby durch den Tunnel zu bugsieren…

viel Härte ich ihm zukommen lassen will. Da wir von Crosby wussten, dass er ein sehr sensibler, überaus geräuschempfindlicher und kontaktfreudiger Hund ist, der bislang von Mensch und Tier nur Gutes erfahren hatte und von dem selbst überhaupt keine Agressivität ausgeht, stellten wir recht schnell fest, dass diese Hundeschule nichts für uns war. Also schlossen wir uns einer anderen Schule an, die uns von Freunden empfohlen worden war. Dort herrschte ein ganz anderes Klima: Es war eine privatere Atmosphäre, die Leute waren nett und wir fühlten uns wohl aufgehoben – dies strahlt nach meiner Meinung auch auf den Hund aus!

Was uns in dieser Hundeschule besonders gut gefallen hat, war die Tatsache, dass dort nicht nur mit dem Hund, sondern auch mit den Menschen gearbeitet wurde. Auch wir wurden sprichwörtlich an die Leine genommen, um zu fühlen, wie es ist, am Mann zu gehen, einen Ruck an der Leine zu bekommen und so weiter. Eine interessante Erfahrung! Und besonders hervorzuheben ist auch, dass man sich dort auch mit dem einzelnen Hund recht intensiv und feinfühlig auseinandergesetzt hat.

JUMP!
Sinn und Zweck dieser Übung war es, den Hund an einen ihm unbekannten Untergrund zu gewöhnen – hier eine Rettungsdecke aus Aluminium. Crosby allerdings hat das erst einmal wenig interessiert, er fand es viel spannender, die Hundetrainerin anzuspringen! Er steht halt auf Frauen und baggert sie an, wo immer er kann. Von mir hat er das nicht ...

Gesucht – gefunden!

So wurde uns denn auch recht schnell klar, dass der Schlüssel zu einer erfolgreichen Hundeerziehung in erster Linie bei uns selbst, sprich unserem Verhalten, zu suchen war. Wir bekamen Hausaufgaben mit auf den Weg, die wir im Verlauf einer Woche abzuarbeiten hatten. So hatten wir eine gewisse Erfolgskontrolle und konnten genau sehen, woran wir gearbeitet hatten und woran nicht. Leider war die Terminfolge in dieser Hundeschule für uns nicht so gut, was vielleicht auch daran lag, dass das Ganze einen doch eher „privaten" Charakter hatte, so dass zu unserer Zeit viele Termine ausfielen und damit unser roter Faden doch recht schnell verloren ging. Schließlich haben wir uns dann selbst beholfen, indem wir aus einer privaten Initiative heraus zusammen mit einer engagierten und erfahrenen Hundetrainerin einfach selbst eine Hundeschule gegründet haben: Die Happy Dogs World. Seitdem arbeiten wir selbst unter der Leitung besagter Hundetrainerin mit unseren Hunden und erfahren dabei steten Zulauf von anderen Hundefreunden!

Unsere Hundeschule
Schließlich haben wir uns entschlossen, ein Gelände zu pachten und selbst eine Hundeschule zu eröffnen: Die HAPPY DOGS WORLD. Auf 1.500 qm bieten wir Spiel & Spaß für Hund und Mensch

So kann es kommen – das hatten wir anfangs nicht vor! Da kann man mal sehen, wohin einen das Leben so spült... So langsam begann sich nun unser Weltbild in punkto Hund zu formen. Es entwickelte sich eine Denkweise, man könnte sogar sagen eine Philosophie, wie wir mit unserem Hund umgehen wollten. Wir haben es mittlerweile so weit gebracht, diese Erziehungsmethode zu einem Konzept zu verdichten, das wir „Gentle Dog Guiding" nennen. Wie wir zu unserem Konzept, unserer Methode, ja unserer Philosophie gefunden haben, daran möchte ich Sie teilhaben lassen.

Von Angsthasen und Warmduschern: Der Mensch im Hund und umgekehrt

Hunde sind irgendwo doch nur Menschen. Es gibt Dickköpfe, Warmduscher, Angeber, Angsthasen und und und. Erschwerend kommt hinzu, dass Hund und Mensch ja eigentlich fast immer als Paar auftreten, insofern muss man auch den Mensch unter die Lupe nehmen, und auch hier gibt

es – Sie ahnen es – Dickköpfe, Warmduscher, Angeher, Angsthasen und und und! Nun kann man sich an fünf Fingern abzählen, dass wenn zwei Angsthasen zusammen leben, etwas anderes dabei herauskommt, als wenn zwei Dickköpfe durch die Welt ziehen!
Ich möchte sogar so weit gehen zu behaupten, dass der Typus des Hundehalters maßgeblichen Einfluss auf das Gedeihen und die Entwicklung des Hundes nimmt – liegt ja auch irgendwie auf der Hand, wenn man mal richtig darüber nachdenkt. Schließlich ist ja in der Regel zuerst der Mensch da, der dann den kleinen Hund aufnimmt und erzieht. Der Hund wird sich dabei an seinem Menschen orientieren – wenn sich dieser also in der Regel tendenziell eher ängstlich benimmt, so wird dies beim Hund nicht ohne Folgen bleiben! Dieser kecke Ansatz verleitet mich natürlich zum...

Erkenntnisse...

Zweiten Gerlingschen Leitsatz im Umgang mit Hunden unter besonderer Berücksichtigung des Halten eines Ersthundes:

$$G.HE = Summe\ [\ NV_H + NV_M + UF] - TF_H - TF_M$$

„Eine gelungene Hundeerziehung (G.HE) ist die Summe aus dem natürlichen Verhalten des Hundes (NV_H) plus dem Natürlichen Verhalten des Menschen (NV_M) plus der Umweltfaktoren (UF) abzüglich der Tagesform des Hundes (TF_H) und des Menschen (TF_M).“

Diese (nicht ganz ernst gemeinte) Formel birgt allerdings tatsächlich aus unserer Sicht viel Wahres: Ein harmonisches Hund-Mensch-Team besteht eben aus Hund UND Mensch!

Der Schlüssel zum Erfolg: Das Mensch-Hund-Team

Bei dem, was wir gelesen haben, kommt dieser aus unserer Sicht zentrale Aspekt der Hundeerziehung oft viel zu kurz oder sogar gar nicht vor. Ich denke mir, so ein kleiner Hund ist wie ein trockener Schwamm: Er saugt alles in sich auf, was er kriegen kann, egal woher. Je mehr Wasser dabei von uns Menschen kommt, desto mehr prägen wir ihn. Allerdings lernt der Hund auch von anderen Hunden! Und dabei macht er nicht nur gute, sondern auch „negative“ Erfahrungen, zum Beispiel wenn ihm ein anderer Hund durch entsprechende Signale zu verstehen gibt „Komm mir nicht zu nahe, ich will das jetzt nicht!“.

Ruhig bleiben – es ist ein Trick!
Sie sehen eine Fotomontage! Wenn Crosby wirklich so groß wäre... Aber hieran wird deutlich, dass wir es immer mit einem Team aus Mensch und Hund zu tun haben. Und nur weil der Hund kleiner ist als wir, dürfen wir ihn nicht unterschätzen – er hält sich nämlich manchmal für genau so groß! Und dann bedarf es schon eines Menschen, der ihm Paroli bieten kann.

Manche Menschen versuchen allerdings, mit ihrem Hund vermeintlich brenzligen oder neuen Situationen bewusst aus dem Weg zu gehen – manchmal mit fatalen Folgen für den Hund. Gerade im „verflixten ersten Jahr“ mit unserem Crosby haben wir alle (Mensch und Hund) lernen müssen, mit den unterschiedlichsten Situationen zurecht zu kommen. Ich gebe hier gern zu, dass auch ich dazu neigte und neige, auf möglichst ruhigen Wegen mit Crosby spazieren zu gehen, weil ich gar keine Lust habe, dauernd in Situationen zu geraten, in denen ich nachdenken muss, wie ich mich nun richtig verhalten soll...
Kerstin ist da Gott sei Dank anders drauf: Sie marschiert mit dem Hund keck drauf los, scheut keine Begegnungen mit anderen Hunden und engagiert sich vielmehr als ich dies tue.

Wer erzieht den Hund?

Damit sind wir bei einer weiteren Wahrheit der Hundeerziehung: Wie Herrchen seinen Hund erzieht ist eine Sache, wie Frauchen ihn erzieht vielleicht eine andere. Interessant ist nun die Frage, ob der Hund etwas, das er zum Beispiel bei Frauchen gelernt hat, immer anwendet, auch wenn er mit Herrchen unterwegs ist!? Tja, ich denke, hier wird es wieder mal kompliziert. Manche Dinge scheint Crosby generell zu können, egal, wer ihm einen Befehl gibt (zum Beispiel SITZ), andere Verhaltensweisen (zum Beispiel nicht hinziehen, wenn ein Jogger an uns vorbeiläuft) macht er überwiegend nur bei Kerstin, nicht aber bei mir. Der schöne Traum „Meine Frau erzieht den Hund und ich brauche das dann nur noch anzuwenden" scheint wohl in Teilen ein schöner Traum zu bleiben!

Den eigenen Weg finden

Aus dem eben Gesagten leitet sich dann wohl der Schluss ab, dass ein jeder Mensch seinen eigenen Weg zur Hundeerziehung finden muss. Mist! Also heißt es doch wieder: Nachdenken, lesen, Erfahrungen sammeln. Was mir hierbei allerdings auch aufgefallen ist: Crosby ist schon schlau genug zu wissen, mit wem er gerade unterwegs ist und wie er sich dann verhalten muss. Ich neige, wie eben beschrieben, eher zu einer Art – nennen wir es vorsichtig – Lethargie beim Spazierengehen. Also verhält sich Crosby bei mir auch ruhiger und fordert mich nicht so oft zum Spielen auf wie beispielsweise Kerstin, von der er weiß, dass sie gern und oft mit ihm rumtobt. Bei mir ist es außerdem so, dass ich (ehrlich gesagt aus Gründen der Kraftersparnis) wesentlich mehr meine Körpersprache einsetze, wenn ich dem Hund etwas mitteilen will. Kerstin dagegen bedient sich lieber der verbalen Sprache. Sie glauben gar nicht – und ich übrigens am Anfang auch nicht – was man mit minimalen Mitteln der Körpersprache dem Hund alles mitteilen kann! Umgekehrt natürlich auch – im nächsten Kapitel möchte ich darauf einen Blick werfen.

Hundesprache oder: Hallo, warum versteht mich keiner?

Big brother is watching you! Ihr Hund beobachtet Sie den ganzen Tag, auch wenn Sie es nicht merken. Er liegt oft an den dazu strategisch günstigen Plätzen (auf der Türschwelle, am Treppenabsatz, in der Mitte des Hauses etc.) und überwacht die Situation.

Das Hunde-Maut-System
Will man an ihm vorbei, so muss man Maut in Form von Aufmerksamkeit zollen! Crosby ist der Chef dieser strategisch wichtigen Treppe, nur an ihm vorbei und mit seinem Wissen kann ich den Keller verlassen.

Ich habe erst letztens ein Buch über die sogenannten Beschwichtigungssignale der Hunde gelesen – sehr aufschlussreich! Die Hundesprache ist wohl in der Tat sehr komplex und wenn man sich damit auseinandersetzt, kann man das Verhalten seines Hundes wirklich besser einschätzen. Hier lohnt sich die theoretische Auseinandersetzung mit dem Thema wirklich! Was ich relativ oft beobachte, ist, dass sich Menschen nicht wirklich um die Sprache ihres Hundes kümmern und die sehr subtile Hundesprache schlicht nicht mitbekommen. Das ist schade, denn so entstehen manchmal Missverständnisse, die die Erziehung – besser gesagt, das Miteinander von Hund und Mensch – nachteilig beeinflussen können.

Menschensicht - Hundesicht

Ich will Ihnen mal ein Beispiel aus unserer Praxis geben: Als Crosby ein kleiner süßer Pummel war, wollten wir natürlich gern und oft mit ihm schmusen. Also knieten wir uns vor ihn hin, nahmen seinen Kopf in unsere Hände und knuddelten ihn herzlich. Oft zog Crosby dann allerdings seinen Kopf zurück und schaute weg oder ging davon. „Was soll das denn?", haben wir uns dann gefragt, ob er uns doch nicht so mag? Irgendwann haben wir uns dann darauf verständigt, zu sagen „Der Hund ist eben ein Hütehund, die sind von Natur aus recht eigenständig und mögen es gar nicht so, wenn man mit ihnen schmusen will".

Aha. Heute ist es uns klar, warum sich Crosby so verhalten hat: Er fühlte sich unwohl, wenn wir uns direkt vor ihm aufbauten und nach seinem Kopf griffen! Wir hatten seine „Wohlfühldistanz" unterschritten und er sah nur die Möglichkeit, sich zurückzuziehen, um die für ihn erträgliche Distanz wieder zu erlangen. Das „den Kopf wegdrehen" ist eine Geste der Beschwichtigung, die sagen soll: „Keine Angst, ich will euch nichts, ich bin ganz harmlos". Von derlei Gesten gibt es eine Menge, sie alle hier aufzuzählen würde den Rahmen sprengen. Aber soviel sei gesagt: Seit wir uns Crosby anders nähern, ist er geradezu versessen darauf, von uns gestreichelt zu werden!

Ein bisschen Hund sein

Ich setze mich dazu auf die Erde und zwar nicht vor, sondern neben ihn. Dann senke ich meinen Kopf und stütze mich auf meine Unterarme, bin also etwa genauso groß wie er. Jetzt schaue ich ihn nicht an, sondern blicke irgendwo anders hin. Was passiert? Crosby sieht sofort die entspannte Situation, freut sich und beginnt, mich zu kontaktieren. Was habe ich gemacht? Ich habe mich ihm mit der nötigen Vorsicht genähert. Das muss man vielleicht nicht bei jedem Hund so machen, Beardies allerdings (so sagen uns auch andere Halter) sind sehr schreckhafte, geräuschempfindliche und hypersensible Hunde, die man mit viel Feingefühl behandeln muss. Für Crosby trifft das absolut zu. Er ist eine Seele von Hund, aber in manchen Dingen ein echter Turnbeutelträger. Ein lautes Wort und er zuckt zusammen. Wenn ich mir vorstelle, mit einem Schlüsselbund nach ihm zu werfen, wie es uns mal in der ersten Hundeschule gezeigt wurde ... Ich möchte mir gar nicht ausmalen, was das bei ihm anrichten könnte.

Meine Quintessenz

Zum Thema Hundesprache gibt es eine Reihe von Büchern (eine Auswahl davon finden Sie auch im Literaturverzeichnis auf S. 141) von denen ich so nach und nach im Laufe unseres ersten Jahres das eine oder andere gelesen habe. Als unbedarftem und neugierigem Laien sind mir dabei einige Dinge aufgefallen:

Verschiedene Autoren haben durchaus verschiedene Meinungen über bestimmte Verhaltensweisen des Hundes. Sehr zu meiner Verwunderung! Da man Hunde ja schlecht fragen kann, warum sie sich gerade so verhalten, wie sie es tun, oder was sie jeweils mit einem bestimmten Verhalten ausdrücken wollen, ist man auf Beobachtungen und Schlussfolgerungen angewiesen. Und hierbei scheint es wohl so zu sein, dass eben manche Gelehrte andere Schlussfolgerungen aus einer bestimmten Situation ziehen als ihre Kollegen bzw. Kolleginnen.

Dies im Detail zu beleuchten wäre zu ausufernd, aber ich denke, es herrscht allgemeiner Konsens darüber, dass ein Hund sich nicht „planlos" benimmt, sondern schon mit seinem Verhalten etwas mitteilen möchte. Einleuchtend scheint mir auch, dass es anderen Hunden leichter fällt, diese Signale zu verstehen, als uns Menschen. Logisch!

Je länger ich mich mit diesem Thema beschäftigte, desto mehr „Aha"-Erlebnisse hatte ich denn auch. Ich stellte bei Crosby fest, dass er sehr wohl regen Gebrauch von seiner Hundesprache machte, wenn er mir und Kerstin etwas mitteilen wollte. Im Laufe des ersten Jahres unseres Zusammenseins hatten wir allerdings Schwierigkeiten, ihn zu verstehen – und umgekehrt wohl auch ... Auf einige dieser Aspekte gehen wir im Kapitel „Einmal Sozialisieren, bitte" näher ein.

Eine neue Fremdsprache

Hier möchte ich zunächst nur soviel dazu sagen: Wenn Ihr Hund erst einmal verstanden hat, dass er zu Ihrem Rudel gehört – was das geringste Problem sein dürfte –, wird er sich so benehmen, wie es ihm möglich ist: soviel Freiheit und Führungsanspruch wie möglich, so viel Regelanwendungen und Unterordnung wie nötig. Heißt zu Deutsch: Er wird sich wie ein Hund in seinem Rudel benehmen!

Ihnen bleibt genau eine Möglichkeit, Ihrem Hund dabei zu helfen, sich in seinem Rudel zurechtzufinden: Sie müssen ihm seine Rolle erklären – und zwar in der Hundesprache!

Wenn sie der Meinung sein sollten, dass Sie altersbedingt oder auf Grund sonstiger Umstände nicht mehr in der Lage sind, eine Fremdsprache zu lernen, so müssen Sie ernsthaft in Erwägung ziehen, eventuell doch eher einen Goldfisch oder einen Sony Elektrohund zu erwerben – Batterien nicht vergessen! Ansonsten tun Sie gut daran, die Hundesprache zu erlernen – es ist gar nicht so schwer, wie man meinen möchte.

Wenn Crosby zu uns spricht, dann tut er dies entweder mit seiner Stimme (mittels Bellen oder anderer Lautäußerungen, von denen er viele kennt) oder durch seine Körpersprache. Miteinander kommunizieren ist ja immer eine Sache, die zwei Parteien benötigt: Einen Sender und einen Empfänger. An dieser Stelle sei daher erwähnt, dass ein Hund – zumindest Crosby – auch durchaus in der Lage ist, mit der menschlichen Sprache etwas anzufangen. Er kann sie zwar nicht anwenden, aber durchaus in Teilen verstehen. Dies wird zum Beispiel deutlich, wenn man das Kommando SITZ oder PLATZ gibt. Diese – und andere – sogenannte „Hörzeichen" werden vom Hund einwandfrei verstanden. Ob er dann diese Hörzeichen befolgt, ist eine andere Geschichte ... Von Bedeutung ist sicher auch, wie intelligent ein Hund ist und wie eindeutig Sie ihm die sprachlichen Mitteilungen geben – ein Hund kann sicher keine Sätze verstehen, wie etwa „Crosby, ich fahre jetzt los und hole Kerstin von der Arbeit. Du bleibst hier." Was er aber versteht, ist „Kerstin", und er spürt, dass es jetzt an der Zeit ist, dass sie nach Hause kommt, weil das eben die typische Zeit dafür ist. Ich habe den Eindruck, dass er dann weiß, dass Kerstin bald kommen wird, denn er macht dann keine Anstalten, zur Tür zu drängen, sondern sieht mich an, als ob er mir sagen will: „Ok, ich warte, du holst Frauchen!"

Einmal Sozialisieren, bitte!

Die Sprache des Hundes ist ihm in weiten Teilen angeboren. Merkt er, dass er sie im Umgang mit Menschen mit Erfolg einsetzen kann, ist dies gut für ihn, denn sie bietet ihm eine Möglichkeit, mit uns Menschen zu kommunizieren. Aber ebenso wichtig ist es, dass er seine Sprache auch im Umgang mit seinen Artgenossen einsetzen kann! Hier werden viele Fehler von uns Menschen gemacht, indem wir unseren Hund nicht ausreichend mit Artgenossen (und auch anderen Tieren) sozialisieren.

Hab Dich!
Crosby und sein Kumpel Gilmo beim Spielen. Crosby kann sehr gut mit Welpen, er ist trotz seiner etwas ungestümen Art stets sehr vorsichtig und liebevoll – auch wenn Gilmo hier nicht gerade sehr glücklich aussieht! Die Situation ist völlig entspannt: Crosby zeigt eine eindeutige „Spielhaltung", kein Anlass zur Sorge.

Ihr Hund muss lernen, ein Hund zu sein

Mancher Hundehalter geht diesem „Stress" gern aus dem Weg. Dabei ist es für den Hund absolut wichtig, sich unter seinesgleichen aufzuhalten. Es ist so ähnlich wie beim Autofahren im Schnee: Viele verzichten eben soweit es geht darauf, im Winter mit dem Auto zu fahren, weil sie Angst haben, sie könnten ins Rutschen kommen und einen Unfall bauen. Andere wiederum trauen sich, fahren los und sammeln Erfahrungen (und bauen unter

Umständen einen Unfall!). Einige wenige schließlich unternehmen etwas gegen ihre Angst, indem sie beispielsweise einen Kurs mitmachen, bei dem sie das Fahren im Winter lernen, oder üben den Umgang mit dem Auto auf einem Parkplatz oder einer anderen, ungefährlichen Freifläche.
Ebenso ist es mit dem Hund: Lernt Ihr Hund in einer vernünftig gelenkten Spielgruppe den Umgang mit Artgenossen, und lernen Sie dabei ebenfalls den vernünftigen Umgang mit anderen Hunden und deren Haltern, so haben alle etwas davon!

Gute Erfahrungen sammeln

Ohne großartig darüber nachzudenken, haben wir das bei Crosby recht gut gemacht. Denke ich... Wir hatten ihn erst wenige Tage und haben ihn schon zu einer Geburtstagsfeier einer Freundin mitgenommen. Wir wussten freilich, dass es keine Heavy-Metal-Party werden würde, sondern ein fröhliches Beisammensein mit leckerem Essen und gedämpfter Musik. Alles war dort voller fremder Menschen und Crosby fühlte sich pudelwohl. Schließlich lag er völlig entspannt unter dem Tisch und hat gepennt. Überhaupt scheint Rambazamba unserem Hund nicht viel auszumachen: Wir haben stets darauf geachtet, dass oft Kinder bei uns zu Besuch waren, Freunde mit und ohne Hunde, Alt und Jung. Heute ist Crosby so gut sozialisiert, dass er auf alles und jeden erst einmal freudig zugeht, da er (bislang) keine schlechten Erfahrungen sammeln musste.
Natürlich gab es auch Artgenossen, die ihn anbellten, wenn wir sie unterwegs trafen. Aber wir haben daraus keine große Sache gemacht, sondern sind einfach an ihnen vorbeimarschiert. Oder haben einen Bogen gemacht, wenn wir merkten, dass er zu viel Angst entwickelte. Manches Mal begann Crosby auch, zurückzublaffen, wenn ihm ein Kollege dumm kam – dies haben wir mit einem kurzen, klaren NEIN versucht zu unterbinden und sind strikt weitergegangen. So wollten wir ihm zeigen: Agression wollen wir nicht.

Hundebegegnungen

Man muss sich ja wundern, was manche Hundehalter alles unternehmen, wenn ihr Hund an der Leine zerrt und andere Hunde ankläfft. Sie schreien dann rum: „Hör sofort auf, was soll das? Spinnst du jetzt!“ Was denkt wohl

der Hund? Genau! Er denkt, der Mensch kläfft mit ihm. Also fühlt er sich bestärkt, schließlich haut ja sein Mensch in dieselbe Kerbe – er weiß ja nicht, dass Sie ihn meinen mit Ihrem Geschrei und nicht den anderen Hund. Ein klassisches Missverständnis, das ich oft beobachtet habe. Noch schlimmer wird es dann, wenn der Halter plötzlich seinem Hund einen Klaps verpasst, um ihn zur Räson zu bringen. Was soll der Hund denn jetzt denken? Eben noch unterstützt mich mein Mensch, indem er mit mir zusammen kläfft, und jetzt haut er mir eine rein? Spinnt der jetzt komplett!?
Und sollte Ihr Hund doch mal in eine Streitigkeit mit einem Artgenossen geraten, so verfallen Sie nicht gleich in Panik! Leicht gesagt... Das ist mir anfangs auch sehr schwer gefallen und tut es auch heute noch, obwohl ich es besser wissen sollte. Hunde haben nämlich eine bestimmte Abfolge an Verhaltensweisen, bevor sie sich ernsthaft verletzen (es sei denn, sie sind krank). Auch hier lohnt es sich, sich entsprechende Fachliteratur zu beschaffen und diese genau zu studieren. So können Sie schon recht früh erkennen, wenn eine Situation brenzlig wird.
Und vergessen Sie bitte eins nicht: An der Leine verhält sich Ihr Hund naturgemäß anders als im freien Lauf! An der Leine hat er eine entscheidende Möglichkeit nicht, wenn es ihm zu gefährlich wird: Er kann nicht flüchten! Also bleiben ihm nur zwei weitere Varianten in seinem Verhalten: beschwichtigen, und wenn das nichts nützt – angreifen!

Unser Praxis-Tipp für einen gut sozialisierten Hund

Sozialisieren ist eine ganz wichtige Sache, gerade im ersten Jahr. Was Sie hier versauen, können Sie später nur sehr schwer wieder korrigieren. Werfen Sie sich und Ihren Hund ins wahre Leben. Angriff ist die beste Verteidigung! Und keine Angst: Hunde fallen so schnell nicht übereinander her. Menschen schon eher. Doch bitte seien Sie an der Leine vorsichtig, wenn Sie Ihren Hund mit einem anderen Hund zusammenbringen wollen – wir tun dies ungern, es sei denn, wir kennen den anderen Hund. Idealerweise sind sich die beiden Hunde zuvor im Freispiel schon öfter begegnet und wissen, was sie voneinander zu halten haben. Eine Begegnung ohne Leine ist meist nicht so kritisch, aber auch hier gilt: Vorsicht ist die Mutter der Porzellankiste! Am besten, man übt das Sozialisieren unter kontrollierten Bedingungen, etwa in einer Hundeschule.

Achtung: Leinensalat

Ach ja, ein Punkt noch: Wenn Sie Ihren Hund mit einem anderen an der Leine zusammenbringen, die beiden aneinander geraten und sich dann beim Rumspringen in ihren Leinen verfangen, haben Sie ein ernstes Problem! Und das geht schneller als man denkt! Gerade wenn man diese Flexi-Leinen (die sich selbst abrollen) verwendet, kann es echt gefährlich werden. Ist mir anfangs auch passiert, seitdem bin ich hier extrem vorsichtig geworden!

Angst essen Seele auf

Wir lieben Beardies! Aber sie haben ein Problem: Sie sind wahnsinnig empfindsam gegenüber Geräuschen, Gegenständen und sonstigen Umwelteinflüssen. Was kann man machen? Die Antwort ist: Sie daran gewöhnen!

Groß, rotweiß und doch keine Pommes-Ketchup/Majo ...
Der Regenschirm – nur mit diversen Leckerchen ist Crosby in die Nähe dieser elementaren Bedrohung zu bringen!

Es gibt offensichtlich nichts, wovor ein Beardie – und ganz besonders Crosby – keine Angst hat. Ergo muss man ihn an alles und jeden gewöhnen – eine langwierige und sensible Angelegenheit. Eins wurde uns aber dabei schnell klar: Wir müssen uns hierbei dem Hund anpassen – ausnahmsweise! Wir dürfen nur in dem Tempo vorgehen, das Crosby verkraften kann, soll heißen, er bestimmt, wie schnell er sich an eine neue, „bedrohliche" Situation gewöhnen kann.

Leckerli essen Angst auf

Wir arbeiten hierbei immer nach derselben Methode: Nicht „Angst essen Seele auf", sondern „Leckerli essen Angst auf!" – funktioniert ganz gut. Wir führen Crosby langsam an eine Situation heran, lassen ihm seine Distanz (das merkt man, wenn er beginnt zu blocken und nicht weitergeht) und versuchen ihn schrittweise näher an die vermeintliche Gefahrenquelle zu locken. Dabei ist es wichtig, ganz behutsam vorzugehen – immer nur soviel, wie der Hund ertragen kann!
Bei Objekten wie LKWs, Treckern etc. gehen wir an das Objekt, hocken uns hin, berühren es, klopfen dagegen, reden ruhig und gelassen mit Crosby und geben ihm immer wieder Leckerlis, die wir immer näher an das Objekt heranhalten, bis wir schließlich (wenn möglich) ein Leckerli direkt auf das Objekt legen (bei einem Trecker – wenn er steht! – zum Beispiel ein Leckerli in den Reifen). Das hat bislang recht gut funktioniert. Aber wir haben dabei auch gemerkt: Es kann Wochen oder sogar Monate dauern, bis Crosby sich an etwas gewöhnt hat, es hängt stark von seiner Tagesform und dem Objekt selber ab. Und wenn er sich beispielsweise an einen (stehenden) Trecker gewöhnt hat, heißt das noch lange nicht, dass er sich vor dem nächsten Trecker (der vielleicht fährt) nicht doch wieder fürchtet.

Prägung nimmt die Angst

Was wir hierbei aus heutiger Sicht nicht so wahrgenommen haben, sind die unendlich wichtigen Prägewochen eines Welpen zwischen der achten und der sechzehnten Woche. Habe ich zwar des öfteren gelesen, aber nie so richtig bewusst an mich herangelassen – ein Fehler!
Es scheint nämlich so zu sein, dass Welpen in diesem Alter keine Angst haben, sondern nur Erfahrungen sammeln! Dabei orientieren sie sich ganz

stark an ihren Menschen. Wenn es also eine neue Situation gibt (Beispiel: Ein Regenschirm wird aufgespannt oder der Staubsauger geht an) und der Mensch bleibt völlig cool, kann es ja nichts Schlimmes sein. Der Hund nimmt es als gottgegebenes Ereignis wahr, dem keine besondere Beachtung zu schenken ist. Man darf es natürlich nicht übertreiben und beispielsweise einen Topfdeckel neben dem Hund auf die Fliesen werfen! Aber es ist hochgradig nützlich, besondere Geräusche mit Vorsicht und schrittweise immer lauter an den Hund heranzuführen. Dieses Gewöhnen verlangt von uns Hundehaltern eine besondere Sensibilität – sicher wird auch nicht jeder Hund in gleichem Maße daran zu gewöhnen sein. Crosby ist hier ein echter „Looser“ – er tat und tut sich mit neuen Dingen sehr schwer und reagiert sehr schnell mit Angst und Flucht.

Mein Freund, der 40-Tonner ... *Irgendwie ganz schön groß, dieses Ding! Aber mit viel Geduld und noch mehr Spucke bzw. Leckerlis bringt Kerstin Crosby schrittweise an den Truck. Den haben wir übrigens extra für unsere Hundeschule angeschafft! Für schlappe 145.000 Euro – ein echtes Schnäppchen bei ebay!*

Crosby liebt die Ruhe

Man liest also in Büchern, dass es ratsam wäre, den Hund von klein auf an alle möglichen Geräusche zu gewöhnen – zum Beispiel wird angeraten, in der Wohnung ruhig des öfteren mal ein Buch oder einen anderen Gegenstand plötzlich vom Tisch fallen zu lassen (vielleicht nicht gerade Omas bestes Porzellan – obwohl der Effekt sicher sehr beeindruckend wäre...), damit sich der Hund auch an plötzliche laute Geräusche gewöhnt. Da ist wirklich was dran! Wir haben das viel zu selten gemacht. Bei uns im Haus ist es tagsüber grabesstill. Ich sitze (wenn Kerstin bei der Arbeit ist) den lieben langen Tag am Rechner und/oder telefoniere. Da wir sehr idyllisch wohnen, haben wir auch keinen Straßenlärm vor der Tür. Wenn Sie bei uns im Wohnzimmer stehen, müssen Sie in die Hände klatschen, um sich zu vergewissern, dass Sie keinen Hörsturz haben! Das gleiche gilt, wenn Sie in unserem Garten stehen – Ruhe. Im Winter beispielsweise, wenn keine Vögel zwitschern, hört man höchstens die Schneeflocken auf den Boden prasseln.

Wir haben uns auch einmal eine Geräusche-CD von einem Freund ausgeliehen und leise in unserem Wohnzimmer ablaufen lassen. Es waren dort „typische" Umweltgeräusche wie Maschinengewehrfeuer, Explosionen, tieffliegende Hubschrauber und dergleichen zu hören. Ergebnis: Crosby war nach einer Minute im Keller verschwunden und ließ sich auch mit Rufen und Leckerlis nicht mehr nach oben locken!

Ruhe...
Das liebt Crosby: Ruhe, Weite und Freilauf. Wahrscheinlich wäre Tibet das ideale Land für ihn!

Denken wie ein Hund

Wir wollen jetzt mal denken wie ein Hund. Warum? Damit wir ihn verstehen lernen – das hilft bei all dem, was auf Sie zukommt. Wie ein Hund zu denken ist eigentlich einfach, wenn man mal überlegt, was ein Hund wohl in seinem Leben erreichen will: Er will sich fortpflanzen, stets genug Nahrung haben und ansonsten seine Ruhe – das war's. Irgendwie beneidenswert.

Wer ist hier der Chef?

Zugegeben, keine besonders hehren Ziele, aber so ist es nun einmal. Dazu muss man wissen, dass es in einem Wolfsrudel (und vom Wolf stammt unser Hund bekanntlich ab) so ist, dass nur die Alpha-Tiere (die Chefs) das Privileg genießen, sich fortpflanzen zu dürfen. Daraus kann man nun den

So nicht!
Wer geht hier mit wem spazieren!? Ich denke, die Antwort ist klar: Crosby hält sich für den Chef, dessen Aufgabe es ist, einen anderen Hund abzuchecken – der große, schwarze Onkel im Hintergrund ist lästiges Beiwerk, das es mitzuziehen gilt! Hier gibt es noch sehr viel zu arbeiten…

Schluss ableiten, dass jeder Hund irgendwann mal versuchen wird, auszuloten, auf welcher Stufe er in seinem „Rudel" steht und ob es irgendeine Möglichkeit gibt, sich nach oben zu arbeiten.
Nun kann man sich fragen, ob man aus dieser Annahme das ganze Hundeverhalten ableiten kann. Manche Fachleute tun dies und führen alles mögliche auf das Rudelverhalten eines Hundes zurück. Naja... Fest steht aber, dass ein Hund recht praktisch und zielorientiert denkt. Er versucht stets, für sich einen Vorteil zu erzielen, und probiert – wie ein Kind in der Pubertät – im Laufe der Zeit immer mal wieder gern aus, wie weit er gehen kann. Das ist recht einfach zu verstehen, aber in der Praxis manchmal recht schwer zu durchschauen. Angenommen, der Hund bringt Ihnen sein Spielzeug, legt es auf Ihren Schoss und sieht Sie erwartungsvoll an. Was tun 98 % aller Hundehalter? Genau: Sie spielen mit ihrem Liebling! Schließlich hat er sie ja so liebevoll dazu aufgefordert. Schon falsch! Nicht der Hund bestimmt, wann gespielt wird, sondern Sie! Sie sind der Chef im Rudel, gell? Das gleiche gilt, wenn Sie dem Hund befehlen, er soll PLATZ machen, und Ihr Hund setzt sich auch brav hin. Schon wieder falsch! Der Hund soll PLATZ und nicht SITZ machen, also müssen Sie ihn korrigieren und auf die Einhaltung Ihrer Befehle bestehen. Ohne wenn und aber.

Es gibt nur „ja" oder „nein"

Wir haben das am Anfang – so etwa die ersten 9 Monate – vermasselt. Wir haben Crosby zu viel eigenen Willen gelassen und unsere Befehle nicht konsequent durchgesetzt. Jetzt kann man sagen: Na und? Ist davon die Welt untergegangen? Nein, das nicht, aber unser Hund hat unsere Befehle nicht wirklich ernst genommen. In seiner Hundesprache haben wir ihm mitgeteilt, dass es nicht wirklich erforderlich ist, sich nach unseren Anweisungen zu richten. Also hat er sich auch so verhalten. Dies war auch der Grund, dass er nicht zuverlässig gekommen ist, wenn wir ihn gerufen haben – schon gar nicht, wenn eine Ablenkung (andere Hunde oder Spaziergänger) im Spiel war.
Die Hundesprache kennt keine Situationen wie „vielleicht" oder „ausnahmsweise, weil heute Weihnachten ist", sondern nur „erlaubt" und „nicht erlaubt". Das ist der Trick, wenn Sie denken wollen wie Ihr Hund: Sie müssen sich frei machen von menschlichen Maßstäben und Werten wie

Mitgefühl, Wut, Enttäuschung und Berechnung. Denken Sie in einfachen Schemen, verknüpfen Sie Ihr Handeln mit dem, was dann unmittelbar folgt, und Sie verstehen Ihren Hund.

Klare Regeln

Zu abstrakt? Ich gebe Ihnen mal einige Beispiele aus meiner Praxis: Ich gehe jeden Mittag mit Crosby Gassi. Dazu lege ich ihm die Langleine an und verlasse das Haus durch die Terrassentür. Kaum auf der Terrasse angekommen, springt Crosby rum und beißt in die Langleine, um daran herumzuzerren. Soll heißen: „Los komm, Alter, Party ist angesagt! Spielen, Spaß haben, toben, rennen und springen!" Was tue ich? Sobald er in die Leine beißt, bleibe ich stehen und es geht nicht weiter. Lässt er die Leine auch nur für einen Moment los, gehe ich sofort weiter. Er beißt daraufhin wieder in die Leine und springt rum. Ich bleibe sofort wieder stehen. Ohne ein Wort. Er lässt die Leine los, ich gehe weiter. Nach wenigen Malen hatte Crosby verstanden, dass es nur dann weiter ging, wenn er nicht in die Leine biss. Klappt prima. So habe ich ihm den Wind aus den Segeln genommen.

Ich schau' dir (nicht) in die Augen, Kleiner

Beispiel 2: Wir spazieren auf dem Weg. Crosby will toben und sieht mich an. Ich ignoriere dies und blicke stattdessen auf die Erde. Er springt rum und sieht mich erneut an. Ich starre weiter auf den Boden und gehe langsam voran. Schon kapiert er: Aha, der will nicht spielen – und Crosby läuft weiter, ohne mich zu nerven. Wichtig ist hier, keinen Blickkontakt zum Hund herzustellen. Ein Blick in Crosbys Augen heißt für ihn: Jetzt wird getobt. Indem ich ihn ignoriere, kann ich meinem Hund meinen Gemütszustand mitteilen, ohne ihn zu maßregeln oder zu bestrafen. Ich zeige ihm lediglich, wie ich mich fühle und was ich bereit bin zu tun.

Bloß den Anschluss nicht verlieren

Beispiel 3: Welpenwahn. Sie kennen das vielleicht: Der Hund dreht am Rad und rennt wie bescheuert los. Keine Chance, die Leine zu halten, ohne dass man befürchten muss, dass einen der Hund umreißt oder er sich verletzt. Was tue ich also? Richtig: Ich lasse die Leine einfach fallen, drehe mich um und gehe schnellen Schrittes in die entgegengesetzte Richtung davon. Ohne mich umzudrehen. Somit gebe ich dem Hund an: Hier geht der Chef. Unbeirrt in diese Richtung, ob du mitkommst oder nicht. Bislang ist Crosby dann immer gefolgt. Er läuft dann zwar wie von der Tarantel gestochen durch die Gegend, aber schließlich kommt er immer in meine Richtung. Wenn er sich dann wieder beruhigt, nehme ich die Langleine wieder auf und gehe mit ihm weiter.

Mit gutem Beispiel voran

Beispiel 4: Wenn ich möchte, dass der Hund in der Wohnung eine Pause macht, lege ich mich auf unser Sofa, gähne unüberhörbar, schmatze einmal genüsslich und bette meinen Kopf auf das Sofakissen. Schon nach wenigen Sekunden kommt Crosby dann, schnuppert an mir und legt sich neben dem Sofa ab. Er hat verstanden: Der Chef macht Pause, ich hab' jetzt auch Pause. Klappt immer!

Unser Praxis-Tipp für den Chef im Rudel

Denken Sie wie Ihr Hund! Geradeaus und ohne Hintergedanken. Handeln Sie eindeutig und immer in gleicher Weise. Seien Sie dabei der aktive Part – Sie sind der Chef. Ihr Hund wird sich Ihnen unterordnen und folgen. Dauert allerdings seine Zeit. Geduld ist die Tugend der Könige.

Chef ist...
wer den Ball wirft.

Erziehung nach Methode oder: Selbsterkenntnis ist der erste Schritt

Am Anfang muss man sich überlegen, wie man seinen Hund erziehen will: Mit der Hau-drauf-Methode der alten Schule oder der Denke-wie-ein-Hund-Methode (wir nennen es Gentle Dog Guiding). Wir haben uns für letztere Methode entschieden. Diese Methode dauert sicher länger und erfordert außerdem einiges Nachdenken im täglichen Umgang mit dem Hund. Am Anfang steht hierbei zunächst die schonungslose Analyse der eigenen Befindlichkeit und im Anschluss daran die Analyse Ihres Hundes. Beginnen wir mit Ihrer eigenen Befindlichkeit.

Warum ein Hund?

Warum haben Sie sich eigentlich für einen Hund entschieden?

- Ist es möglicherweise für Sie ein Kindersatz, dem Sie alle Liebe dieser Welt entgegenbringen möchten?

- Sind Sie vielleicht in Ihrer Partnerschaft oder Ihrer Familie emotional nicht mehr so ausgelastet und suchen nach neuer Zärtlichkeit?

- Wollen Sie Ihren Kindern einen Gefallen tun und ihnen einen Spielkameraden beschaffen?

- Tun Ihnen vielleicht Hunde aus dem Tierheim Leid und Sie wollen einer geschundenen Kreatur ein neues Zuhause bieten?

- Suchen Sie einen Grund, wieder mal aus dem Haus gehen zu können, um in die Natur oder unter Menschen zu kommen?

- Haben Sie den Wunsch, in Ihrem Leben etwas verändern zu wollen? Suchen Sie einen Partnerersatz?

Ganz schön fiese Fragen zum Teil, ich weiß. Man ist geneigt zu sagen: Bin ich hier in einem Freud´schen Selbstfindungskurs oder will ich mir nur einen Hund zulegen!? Aber fragen Sie sich das doch mal ernsthaft – muss ja keiner mitkriegen ... Denn wenn Sie hierauf die Antwort erkennen, wissen Sie auch besser, was Sie von Ihrem Hund erwarten, wenn er zu Ihnen kommt! Ist es nicht manchmal auch so, dass man von einem Hund erwartet, dass er dazu beiträgt, dass das eigene Leben irgendwie schöner oder besser wird? Wenn man alles hat, alles kann, glücklich ist bis zum Anschlag und so weiter – braucht man dann noch einen Hund? Jetzt könnte man meinen: Aha, wer einen Hund hat, dem hat was gefehlt! So ist es nun auch wieder nicht gemeint! Aber eines ist wohl nachgewiesen: Hundehalter leben gesünder als Nicht-Hundehalter! Muss wohl die viele frische Luft machen. Und: Hunde verströmen viel Freude! Ein Hund begrüßt einen immer freundlich und fröhlich – dass verbessert logischerweise das eigene Wohlbefinden. Klar: Wer würde sich nicht freuen, wenn er mit etwas Positivem konfrontiert wird?

Und welcher?

Wenn Sie nun darüber sinniert haben, warum Sie einen Hund haben möchten, können Sie jetzt überlegen, welcher Hund am besten zu Ihnen passt. Nichts ist fataler als wenn Sie im Grunde einen verschmusten Schoßhund suchen, den Sie in Ihrer Zwei-Zimmer-Wohnung halten möchten, und sich dann für den Kauf eines Border Collies entscheiden, weil die so süß aussehen, wenn sie klein sind! Bei unserem Crosby beispielsweise ist es so, dass er absolut kein Schoß- oder Schmusehund ist. Im Gegenteil: Er ist ein Hütehund, der es gewohnt ist, selbstständig zu denken und zu handeln, er hasst Wärme (eben auch unsere Körperwärme) und will nicht ständig betütelt werden! Ein Umstand, an den wir uns wirklich erst mal gewöhnen mussten. Anfangs dachten wir: Der mag uns gar nicht richtig. Er will nicht gern bei uns schlafen, sondern geht lieber in den kühlen Keller. Er mag es nicht sonderlich, gekrault zu werden, sondern will toben und Aufgaben haben. Jetzt, da wir ihn in seinen Eigenheiten akzeptiert haben, verläuft unser Zusammenleben reibungslos und harmonisch. Man hat sich arrangiert.

Welcher Typus Hundehalter sind Sie?

Sind Sie jemand, der eher ängstlich und zurückhaltend oder forsch und offensiv veranlagt ist? Fällt es Ihnen leicht, etwas zu lernen, oder haben

Sie damit eher Schwierigkeiten? Verfügen Sie über ein ordentliches Maß an Selbstdisziplin oder unterliegen Sie großen Tagesschwankungen (so wie ich!)? Können Sie konsequent sein? (Bevor Sie jetzt im Geiste mit JA antworten, nochmal die Frage: Können Sie wirklich konsequent sein?) Sind Sie geduldig? Wenn Sie alle diese Fragen mit JA beantwortet haben, können Sie theoretisch auch Papst werden oder Bundeskanzler! Ich jedenfalls habe meine Defizite... Und weil ich das weiß, akzeptiere ich auch die Tatsache, dass mein Hund nur so schnell lernen kann, wie ich es hinbekomme, ihm das erforderliche Wissen zu lehren!
Ich persönlich kenne Hundehalter, die sich sagen: „Ach, bevor ich den ganzen Stress mit einer Hundeschule mache und so ... Bleibe ich lieber zuhause, mein Hund kommt schon klar mit uns und außerdem muss ich mich nicht dem ganzen Stress aussetzen, wenn die in der Hundeschule mich dann korrigieren, wenn ich etwas falsch mache – es wird schon so gehen, wie ich es jetzt mache. Schließlich soll mein Hund ja in erster Linie mit uns klarkommen!"

Ein leuchtendes Beispiel! *So sieht er aus, der perfekte Hundehalter: Gut gelaunt, immer hochmotiviert und voller Begeisterung für seinen kleinen pelzigen Partner, der sich voller Erwartung liebevoll an ihn schmiegt. Das absolut perfekte Paar.*

Mag sein, dass das funktioniert, aber nur solange, wie der Hund nicht dem wirklichen Leben ausgesetzt ist! Wollen Sie Ihren Hund zeit seines Lebens von der Realität abschotten? Ich denke, das ist weder für Sie noch für Ihren Hund eine gute Perspektive.

In welchem Umfeld wächst Ihr Hund heran?

Ich denke, dass es einleuchtend ist, dass ein Hund, der in einer vierköpfigen Familie aufwächst, andere Erfahrungen sammelt als ein Hund, der in einem Single-Haushalt groß wird. Bekommen Sie viel Besuch? Nehmen Sie Ihren Hund oft mit zu Freunden, in Gaststätten, auf Feiern? Besuchen Sie eine Hundeschule oder sonstige Hundegruppen? Kommen andere Hunde zu Ihnen nach Hause?

Mittendrin!
Kinder lieben Crosby und Crosby liebt Kinder. Er ist es von Anfang an gewöhnt und toleriert auch schon mal einen „Belagerungszustand“.

Die Antworten auf diese Fragen sind eng mit der Frage nach dem Typus des Hundehalters verbunden. Bei uns ist es so, dass meine Frau Kerstin ein sehr aktiver, unternehmungslustiger und kontaktfreudiger Mensch ist, der Spaß daran hat, andere Menschen und Hunde zu treffen – bei ihr wird Crosby bestens sozialisiert. Ich hingegen neige zu – sagen wir es vorsichtig – einer eher isolativen (gibt es das Wort überhaupt!?) Lebensweise! Soll heißen: Ich habe am liebsten meine Ruhe, damit ich nachdenken kann. Typisch Künstler. Zudem bin ich eindeutig nachtaktiv. Typisch Musiker. Zu allem Überfluss verzehre ich mich nicht gerade nach körperlicher Ertüchtigung. Typisch Intellektueller. Wenn man es also mal nüchtern betrachtet, bin ich eigentlich genau das Gegenteil eines geeigneten Hundehalters! Deshalb sei das Kapitel an dieser Stelle einfach mal beendet, bevor ich weiter darüber nachdenke ...

Und noch eine Frage ...

Warum heißt dieses Kapitel eigentlich „Erziehung nach Methode“? Gute Frage! Bevor man anfängt, seinen Hund zu erziehen, sollte man sich erst mal fragen, warum man überhaupt einen Hund haben möchte (oder bereits einen hat), was man selbst für ein Typus Hundehalter ist und was man seinem Hund für ein Umfeld bieten wird (oder bereits bietet). Wenn man sich hierüber klar geworden ist, kann man beginnen, den Hund – und sich selbst bzw. seine Familie! – so zu erziehen, wie man es für richtig hält. Ich finde, dieser Aspekt kommt oft viel zu kurz. Zugegebenermaßen ist es auch nicht gerade einfach, sich hierzu Gedanken zu machen, aber ich bin fest davon überzeugt, dass es sich lohnt. Stellen Sie sich mal vor, Sie schaffen sich einen Hund an, weil Sie wieder mehr am Leben teilhaben möchten. Dann liegt es doch auf der Hand, dass Sie selbst auch aktiv dazu beitragen müssen, soziale Kontakte herzustellen – Ihr Hund ist hierbei für Sie lediglich der Türöffner, der Ihnen Kontakte zu fremden Personen erleichtert! Die Türe durchschreiten müssen Sie schon selbst.

Neue Freunde
Seit wir Crosby haben, finden wir leicht Freunde, die unsere Interessen teilen!

Erst lernt der Mensch, dann der Hund

Schreiten wir zur Tat! Als erstes stellten wir fest, dass zunächst wir lernen mussten, bevor wir dem Hund etwas beibringen konnten! Darauf sind wir nicht selber gekommen, nein. Wir haben es immer wieder erfahren, weil Crosby einfach nicht das machen wollte, was wir von ihm erwarteten.

Dabei dachten wir, wir hätten alles genau so gemacht, wie es in den Büchern zu lesen war. Unterm Strich kann ich heute sagen, dass es im Wesentlichen vier Ursachen waren, die wir nicht ausreichend berücksichtigt hatten:

1. *Wir waren nicht konsequent genug.*
2. *Wir waren nicht geduldig genug.*
3. *Wir waren nicht eindeutig genug.*
4. *Wir waren nicht schnell genug.*

Zauberwort Konsequenz

Konsequenz ist ganz, ganz wichtig – und ebenso schwer. Aber eigentlich auch einfach – wenn man einfach vergessen könnte, dass man ein Mensch ist, der Gefühle hat und Mitleid mit dem armen kleinen Geschöpf! Wenn Herrchen sagt PLATZ, dann heißt das PLATZ. Ende im Gelände. Und wenn es direkt in einem Ameisenhaufen ist oder auf einer heißen Herdplatte: PLATZ heißt PLATZ. Beobachten Sie sich mal, wie oft Sie tagsüber inkonsequent sind – Sie werden sich wundern! Der Hund hat zwar vielleicht tatsächlich Platz gemacht, entschließt sich aber nach kurzer Zeit, wieder aufzustehen und hinter dem Sofa herauszuschauen – wie süß! Er will zu uns! Na, dann komm mal her, du Räuber? NEIN! Aufstehen, hingehen und ihn genau (!) dort, wo er Platz machen sollte, wieder ins Platz bringen. Steht er wieder auf, Prozedur wiederholen! Zickt er rum, einen schneidigen, bestimmenden Ton anschlagen – das sollte reichen.

Crosby jedenfalls ließ sich von einer lauten Stimme (zumal wir uns die für die wirklichen Problemfälle aufgespart hatten!) nachhaltig beeindrucken. Wenn er übrigens richtig daneben war, haben wir ihn einfach ignoriert – und zwar richtig. Das ist das Schlimmste für ihn. Aber auch beim Ignorieren gilt: konsequent sein! Wenn er beginnt zu winseln, zu quiemen oder gar zu bellen, nix anmerken lassen (auch wenn Ihnen die Ohren dröhnen). Sobald Sie auf den Hund eingehen, wenn er Unmutsäußerungen von sich gibt, haben Sie das Spiel verloren und der Hund hat gelernt: Bellen hilft, um Aufmerksamkeit zu bekommen – toll!

Wenn Sie jetzt denken: Aha, Konsequenz – habe ich verstanden, dann geht es Ihnen, wie es mir ging. Ich dachte nämlich auch: Klare Sache. Weit gefehlt... Konsequenz ist nämlich so etwas wie ein Grundgesetz im Zusammenleben mit dem Hund: Man muss sich ständig und immer wieder prüfen, ob man konsequent handelt – und das ist auf Dauer ziemlich anstrengend. Aber nur so können Sie Ihrem Hund beibringen: Ich Tarzan, du Jane, und nicht andersrum!

Einige Beispiele für Konsequenz

Situation:

Es ist Mittagszeit – Gassizeit. Der Hund läuft schon mal freudig in den Flur, setzt sich zu den dort befindlichen Schuhen und schaut Sie freudig erregt an.

Konsequent ist:

Jetzt auf keinen Fall den Hund anzusehen, sondern erst recht noch eine Seite der Zeitung zu lesen. Dann aufzustehen, in die Küche zu gehen, den Hund zu rufen, und ihm erst jetzt zu sagen: „Gassi gehen – los, voran!" SIE bestimmen, wann Gassi gegangen wird. Und am besten gehen Sie dann durch die Terrassentür raus, damit der Hund gar nicht meint, er habe das Rausgehen mit seinem Sitzen an der Vordertür irgendwie begünstigt!

Situation:

Kaum sind Sie draußen, beißt der Hund in die Leine, zerrt daran und springt wie wild herum.

Konsequent ist:

Sofort stehen zu bleiben. Wenn der Hund in die Leine beißt oder rumzerrt, geht es nicht weiter. Der Hund wird Sie ansehen. Sie gehen weiter, wenn er ruhig ist. Er zerrt sofort wieder an der Leine und springt rum. Sie bleiben sofort stehen. Den Hund nicht ansehen. Sie brauchen nicht mal zu meckern. Bleiben Sie einfach stehen und schauen Sie in die Gegend. SIE bestimmen, wann gegangen wird, wie schnell und wohin! Crosby hat das nach wenigen Malen begriffen: Es geht nur dann voran, wenn ich weder in die Leine beiße noch rumzerre. Laute Worte waren hier überflüssig. (Falls Sie übrigens bemerkt haben, dass wir diese Situation bereits einige Seiten zuvor beschrieben haben: BRAVO – dann ist ja doch etwas hängen geblieben! Falls Sie es nicht bemerkt haben: Macht nix, geht mir auch ständig so. Ich muss alles drei Mal lesen ...)

Denk nach!
Hier soll Elroy, einer von Crosbys besten Kumpels, einen Pappstreifen aus der Röhre ziehen, damit das Leckerli nach unten durchfallen kann! Das hat Elroy natürlich geschafft – er ist schließlich ein Border Collie. Man hätte ihm die Aufgabenstellung auch vorlesen können!

Situation:
Abends im Wohnzimmer, Fernseher läuft, ein, zwei Tafeln Schokolade haben bereits dran glauben müssen, die Füße sind hochgelegt, man ist entspannt. Nicht so der Hund: Er kommt an, hat ein Spielzeug im Maul (im Fachjargon auch Fang genannt) und legt Ihnen das Spielzeug liebevoll und mit einem unübertrefflichen Mitleidsblick auf den Schoß: „Bitte, spiel mit mir! Ich brauche das! Hast du es nicht selbst gelesen in einem deiner zahlreichen Fachbücher? Ich muss beschäftigt werden, sonst verkümmere ich binnen Minuten! Sieh mich an: Ich bin schon ganz zittrig!"
Konsequent ist:
Draufsetzen. Die dritte Tafel Schokolade aufmachen und mindestens vier Stückchen davon genüsslich wegarbeiten. Dabei den Hund überhaupt nicht beachten. Dann aufstehen und zur Toilette gehen. Wenn Sie zurückkommen, schnappen Sie sich ein (anderes) Spielzeug und spielen damit allein herum. Dann rufen Sie den Hund und spielen mit ihm. Er darf keinesfalls den Eindruck bekommen, als habe er das Spiel begonnen. SIE bestimmen, wann, wo und wie gespielt wird! Und wenn Sie dann so richtig schön am Toben sind (hätten Sie mal die dritte Tafel nicht angefangen), beenden Sie das Spiel abrupt und setzen sich wieder hin. Der Hund wird Tränen in den

Augen haben, aber er hat wieder mal die bittere Lektion eines Hundes gelernt: Du bist der Hund, ich der Chef! Ist es nicht schön, wenn man ungestraft konsequent sein kann!?

All diese Beispiele dienen einem Zweck: dem Hund immer wieder klar zu machen, der Chef sind Sie. Es ist nun nicht so, dass Ihr Hund deswegen den Rest seines Lebens mit hängendem Gesicht rumlaufen wird, sondern ganz im Gegenteil! Er wird froh sein, seinen sicheren Platz im Rudel gefunden zu haben.

Den Platz im Rudel finden

Das ist eine Ansicht, die wir uns nicht aus den Fingern gesogen haben, sondern eine Ansicht, die sehr viele „Hundegelehrte“ vertreten: Der Hund lebt in einem Rudel. So sagen es ihm seine Gene. Und in jedem Rudel gibt es einen Chef. Er führt das Rudel an, darf sich als einziger vermehren, frisst als erster, liegt auf dem besten Platz und und und.

Chefin & Chef
Hier sehen Sie die unangefochtenen Herrscher des Rudels: Kerstin & Kai. Stets aufmerksam und verteidigungsbereit, schützen sie ihr Rudel vor allen Gefahren. Außer die Sonne scheint und sie haben keinen Bock mehr auf Rudel und so ...

In freier Wildbahn wird die Rangordnung in einem Rudel zwischen den Tieren ausgefochten – dieses Verhalten ist auch Ihrem Hund nicht fremd! Auch er wird versuchen, seinen Platz im Rudel zu finden.
Das ist auch der Grund, warum Hunde, wenn sie in die Pubertät kommen (mit einigen Monaten, manchmal auch erst später), anfangen zu testen, wie

weit sie gehen können. Ein ganz natürliches Verhalten, das nichts damit zu tun hat, dass der Hund Sie nicht mehr leiden mag – er will einfach schauen, welchen Platz er einnehmen kann. Hat er seinen Platz einmal gefunden, ist er zufrieden – auch wenn er nicht der Boss ist! Hunde sind nicht nachtragend oder hinterlistig. Sie wollen einfach wissen, wo sie stehen, und dann kommen sie damit auch klar.

Wenn Hunde Chef sein müssen

Wenn Hunde allerdings in einem „Rudel" leben müssen, in dem es keine klare Aufgabenteilung gibt, kommen sie in für sie sehr schwere Situationen. Nehmen wir mal das Beispiel von Oma Klausewitz und ihrem kleinen Rauhaardackel Beppo (Personen und Hunde frei erfunden – Ähnlichkeiten mit lebenden Personen sind rein zufällig!). Beppo darf zu Hause aufs Sofa, Beppo schläft im Bett und Beppo rennt, sobald es klingelt, zur Tür und bellt jeden Besucher energisch an. Oma liebt ihren Kleinen und ist stolz, dass er so toll auf sie aufpasst – schließlich ist die Welt da draußen ganz schön fies und gemein! Ein harmonisches Leben zu zweit, wie es schöner nicht sein könnte. Es gibt nur ein kleines Problem: Wenn Oma mal zum Doktor muss oder einkaufen geht, muss sie Beppo zu Hause zurücklassen. Das mag der gar nicht. Er kläfft dann so laut, dass Oma ihn auf der Straße noch hören kann, und an den Kratzspuren an der Wohnungstür sieht sie, dass er es gar nicht lustig findet, allein zu Hause gelassen zu werden! Armer Beppo. Arme Oma. Arme Wohnungstür. Arme Nachbarn. Was kann man tun? Soll Oma nie mehr einkaufen gehen? Mmh... Soll Oma nie mehr krank werden und damit nie mehr zum Arzt müssen? Wäre toll, aber klappt nicht. Sollen alle Nachbarn entsprechende Schallschutzmaßnahmen ergreifen, damit sie das Gebell nicht mehr hören müssen? Teure Lösung und Oma hat nur eine kleine Rente... Soll Oma den Hund immer mitnehmen? Auch keine Lösung, nachher muss er auch noch Praxisgebühr zahlen, wenn er mit zum Arzt geht! Tja, was machen?

Es ist einfach so, dass sich Beppo für den Rudelchef hält! Sein Job ist es, Oma immer zu beschützen und zu verteidigen! ER gibt an, wann es rausgeht und wohin. Wenn es klingelt, steht ER an der Tür und signalisiert: Hier ist der Boss! Was willst du, Fremder? Wenn jetzt Oma aus dem Haus geht, heißt das für ihn: „Ist dieses Kind noch zu retten? Haut einfach ab! Wie soll ich das arme Geschöpf jetzt beschützen!? HALT, bleib stehen! Komm zurück! Bist du von allen guten Geistern verlassen!" Armer Beppo – er muss seine Rolle spielen, aber kann in unserer menschlichen Gesellschaft mit seinen Verhaltensregeln als Boss eigentlich nur verlieren ... Er ist schlicht überfordert und daher versucht er mit all seinen Mitteln (Bellen, Kratzen usw.) das Beste daraus zu machen. Omas Fehler ist es – Sie ahnen es – ihm nicht klar gemacht zu haben, dass sie der Boss (bzw. die Bossin) ist, und zwar durch konsequentes Handeln. Wüsste Beppo dies, bliebe er entspannt, wenn sie geht, denn es wäre in seinem Denken gar nicht seine Aufgabe, sie zu beschützen! Er bleibt in der Höhle (= Wohnung) und der Rudelführer verlässt den Bau.

Der Chefanwärter
So sieht einer aus, der gern Chef werden möchte. Aber zum Glück haben es Langhaarige in unserem Land immer noch schwer, irgendwelche Führungspositionen zu erreichen!

Einmal Chef, immer Chef!

Kehrt der Chef dann wieder zurück in den Bau, so muss er auch jetzt weiter konsequent die Chefrolle spielen! Viele Menschen kommen zurück nach Hause und begrüßen den Hund überschwänglich, der freudig im Flur rumspringt und Herrchen abschlecken möchte. Falsch! Inkonsequent! Sie machen die Tür auf, gehen wortlos und ohne Blickkontakt an dem Hund vorbei und begrüßen ihn erst einmal überhaupt nicht. Erst wenn er wieder ruhig liegt, gehen Sie zu ihm und begrüßen ihn – kurz und herzlich! In der Hundesprache heißt das: Aha, der Chef ist wieder da!

Das gleiche Prinzip gilt übrigens auch, wenn der Hund ewig an Ihrem Besuch hochspringt. Auch hier meint der Hund, es sei seine Aufgabe als Boss, die „Eindringlinge“ als erster unter die Lupe nehmen zu müssen. Leider geht der Besuch dann allzu oft darauf ein, indem er den Hund auch als Ersten begrüßt und ihn so in seinem Verhalten noch bestärkt. Besser ist es, wenn Ihr Besuch den Hund erst mal genauso ignoriert, wie Sie es tun sollten, wenn Sie nach Hause kommen. SIE gehen als Erster zur Tür und begrüßen den Besuch! SIE sind ja schließlich der Boss! Wir machen es mittlerweile so: Wann immer es klingelt, schicken wir Crosby auf seine Hundedecke. Erst wenn er dort sitzt, gehen wir zur Tür und öffnen sie. (Das kann am Anfang einige Minuten dauern! Sie tun gut daran, Ihren Besuch über Ihr Vorgehen zu informieren, sonst könnte es sein, dass niemand mehr da ist, wenn Sie schließlich die Tür öffnen.) Mittlerweile macht Crosby das ganz gut, er rennt von selbst zu seiner Decke, wenn es klingelt – einfach weil er weiß, dass er nur dann den Besuch zu sehen bekommt, wenn er auf seinem Platz sitzt! Und da er schrecklich neugierig ist, klappt das immer besser. Aber auch dieses Verhalten ist der Lohn einer monatelangen konsequenten Vorgehensweise und das leitet über zum zweiten Bereich:

Zauberwort Geduld

Geduld ist eine sehr vergängliche Tugend. Was Geduld bedeutet, wurde mir erst klar, als eine Hundetrainerin zu mir sagte: „Du trainierst mit deinem Hund. Und wie ein Sportler immer wieder seine Übungen trainieren muss, damit er sie nicht verlernt, musst du auch mit deinem Hund immer wieder seine Übungen machen. Dabei darfst du nicht vergessen, dass auch ein Hund gute und schlechte Tage hat, eine Tagesform also“.
Geduld ist nicht so meine Stärke, zugegeben. Aber es ist so: Wir sagen bei Crosby, er hat seine blauen und seine grauen Tage. Soll heißen, an manchen Tagen klappt alles prima, an anderen wieder klappt wenig.
Umso wichtiger ist es also, mit dem Hund regelmäßig zu üben. Und zwar alle Übungen, auch die, von denen man meint, er könne sie aus dem FF. Wir haben nämlich festgestellt, dass Crosby manche Übungen, die er einige Zeit lang perfekt konnte, auf einmal nicht mehr zu unserer Zufriedenheit ausführte! Ich denke, das hängt auch damit zusammen, dass der Hund gerade im ersten Jahr eine Reihe von Entwicklungsschüben mitmacht, die es

mit sich bringen, dass er aus „pubertären Gründen" manche Sachen einfach erst mal nicht macht, um festzustellen, ob es tatsächlich nötig ist, diese Übungen überhaupt auszuführen!

Zauberwort Eindeutigkeit

Eindeutigkeit ist wichtig, damit der Hund genau weiß, was er tun soll. Klare Sache, werden Sie vielleicht denken, aber: Prüfen Sie mal die Befehle, die Sie Ihrem Hund geben! Sind es wirklich immer genau dieselben Befehle, nach denen Sie eine bestimmte Handlung des Hundes erwarten? Nehmen wir ein Beispiel: Ihr Hund hat sich beim Spaziergang wieder mal an einem Baum „festgeschnüffelt" und folgt Ihnen nicht. Sie sind bereits zwanzig Meter weitergegangen und wollen ihn abrufen. Welchen Befehl verwenden Sie? KOMM, KOMM HER, CROSBY! CROSBY, HIERHER, LOS KOMM HER HIER, HIIIIER, BEI FUSS? An diesem Beispiel wird denke ich deutlich, dass es recht viele Varianten gibt, die man hier einsetzen kann. Es sollte allerdings klar sein, mit welchem Befehl Sie Ihren Hund in diesem Moment abrufen und was Sie dann von ihm erwarten! Was zum Beispiel verstehen Sie unter KOMM? Soll der Hund dann zu Ihnen kommen? Soll er dann neben Ihnen laufen? Soll er sich vor Ihnen absetzen? Soll er nur von seinem Geschnüffel ablassen und weiter in Ihre Richtung folgen? Gar nicht so einfach, wie Sie sehen. Welche Befehle Sie auch immer verwenden, definieren Sie vorher, was Sie mit dem jeweiligen Befehl meinen. In diesem Zusammenhang ist es auch wichtig, dass Sie sich hierbei mit Ihren Familienmitgliedern oder Freunden absprechen, damit diese genau dieselben Befehle verwenden! Es bringt den Hund logischerweise durcheinander, wenn bei einer Person KOMM bedeutet, sich nur ungefähr in die Richtung der rufenden Person zu begeben, jemand anders aber bei KOMM erwartet, dass der Hund sich genau vor ihm absetzt.

Zauberwort Schnelligkeit

Wer zu langsam ist, den bestraft der Hund! Wenn ich diesen Satz gelesen hätte, bevor ich einen Hund hatte, hätte ich sicher gedacht: „Was soll das denn? Soll ich mit dem Hund Gassi rennen statt gehen?" Weit gefehlt! Es dreht sich beim Thema Schnelligkeit – Sie ahnen es – um die Erziehung natürlich. Es scheint nämlich nach Ansicht so ziemlich aller Hundeexper-

ten so zu sein, dass ein Hund ein ziemlich kurzes Gedächtnis hat. Und weil das so ist, muss man ihm immer SCHNELL etwas mitteilen, wenn man will, dass er das soeben Mitgeteilte mit seiner unmittelbar vorangegangenen Handlung in Verbindung bringen kann. Der Fachmann spricht hier von „Verknüpfung".
Kompliziert? Also einfacher: Wenn der Hund in Ihrer Abwesenheit ein Kissen zerstört hat, hilft es nicht, ihn erst dann zu schimpfen oder zu bestrafen, wenn Sie wieder nach Hause gekommen sind! Auch dann nicht, wenn das Kissen teuer war. Und auch dann nicht, wenn es nicht ein, sondern drei Kissen waren. Und die Zeitung. Der Hund nämlich suhlt sich geistig in einer ständigen Unschuldsvermutung. Alles, was länger als zwei, drei Sekunden zurückliegt, kann er nicht mehr verknüpfen, heißt es. Wenn er also eine Tracht Prügel oder bei uns zivilisierten Abendländern eine verbale Ermahnung davon trägt, weiß er nicht, warum das jetzt passiert ist! Sie kommen nach Hause und er kriegt Ärger! Wie soll sich der Hund denn darauf einen Reim machen? Immer wenn Sie nach Hause kommen, gibt es Ärger!? Macht irgendwie keinen Sinn, oder?

Schnelligkeit
Jetzt ist der richtige Moment, Crosby davon abzulenken, dass er die beiden Hunde, die dort kommen, anbellt und von „seinem" Weg vertreiben will!

Das richtige Timing

An diesem Beispiel wird sehr deutlich, wie wichtig das richtige Timing ist. Es gibt aber im täglichen Miteinander zahllose Situationen, in denen das richtige beziehungsweise das falsche Timing nicht so deutlich ist. In der

Hundeschule wurde uns das klar, denn jeder zweite Satz, den die Hundetrainerin zu uns sagte, war „Du hast ihn zu spät gelobt“ oder „Du hast zu spät NEIN gesagt“. Das hat im Laufe der Zeit schon beinahe traumatische Züge angenommen – schon wenn wir den Platz betraten und „Hallo“ riefen, hatte ich die Befürchtung, sie würde antworten: „Zu spät!“. Aber im Ernst: Richtiges Timing erfordert genaues Beobachten des Hundes und das ist recht anstrengend, besonders am Anfang. Als Hundelaie, der ich war, musste ich erst mal lernen, Crosby richtig zu beobachten und seine Lernerfolge wahrzunehmen, damit ich ihn dann im richtigen Moment auch für den kleinsten Fortschritt loben konnte. Es ist nämlich so, dass der Hund, wenn er eine Übung lernt, erst mal gar nicht weiß, was er machen soll. Wenn er dann zufällig mal das Richtige tut oder wenigstens den Ansatz dazu zeigt, muss man ihn sofort (!) loben, damit er verknüpfen kann: „Oh, irgendwas habe ich wohl gerade richtig gemacht, sonst würde sich mein Mensch jetzt nicht wie ein Affe aufführen und mir Leckerlis ins Maul schieben!“ Auf diese Art und Weise lernt der Hund schrittweise in ganz kleinen Stücken, eine Übung richtig zu machen.

Lernen Schritt für Schritt

Beispiel: Der Befehl SCHAU. Sie sagen dem Hund SCHAU. Was passiert? Genau: Nix. Den Befehl geben Sie immer mal wieder. Irgendwann (das ergibt sich schon rein statistisch) wird er Sie nach dem Befehl mal zufällig kurz anschauen – jetzt oder nie! Das ist der Moment der Wahrheit! Sofort das Leckerli zücken, FEIN sagen und reinschieben. Verstehen Sie das Prinzip? Das Gleiche gilt bei FUSS – oft genug ausgesprochen, geht der Hund irgendwann mal versehentlich bei Fuß. Jetzt heißt es auch sofort, den Hund loben, den Befehl FUSS wiederholen und FEIN sagen. Übrigens: Ihre Umwelt wird Sie für bescheuert halten, wenn Sie durch die Gegend gehen und plötzliche Gefühlsausbrüche bekommen, obwohl ihr Hund gerade gar nichts macht, sondern einfach nur neben Ihnen geht! Machen Sie sich nichts draus, Sie werden wieder neue Freunde finden. Irgendwann gelten Sie halt als Sonderling – so ist das nun mal. Vielleicht sollten Sie sich ein T-Shirt machen lassen, auf dem steht: „Hund an Bord – wir üben! Bitte über nichts wundern!“ Vielleicht wäre das hilfreich. Zumindest würden Sie sich dann wahrscheinlich auch gleich wieder etwas besser fühlen.

Gentle Dog Guiding

Unser Erziehungsansatz fußt auf einer simplen Philosophie: Lerne, deinen Hund zu verstehen, und er wird dich auch verstehen. Das ist schnell und leicht daher gesagt, beinhaltet aber eine ganze Menge an Überlegungen, die man zunächst einmal tätigen muss, um diese Erziehungsmethode zu verinnerlichen.

Positiv bestärken

Gentle Dog Guiding kommt ohne körperliche Gewalteinwirkung auf den Hund aus. Kernpunkt ist dabei die Erkenntnis, dass ein Hund besser lernt, wenn er positiv bestärkt wird, wann immer er etwas richtig gemacht hat, anstatt negativ bestraft zu werden, wenn er etwas falsch macht. Diese Entscheidung in der Erziehung zu treffen, ist mit einer Reihe von Konsequenzen verbunden, die man sich erst mal klar machen muss! Es dauert nämlich unter Umständen länger, einen Hund über positive Bestärkungen zu erziehen als über Bestrafungen. Aber das ist es uns wert: Wir wollen, dass Crosby ein positiver, offener, vertrauensvoller und entspannter Hund ist, und dafür nehmen wir es auch in Kauf, mehr Zeit in seine Erziehung zu investieren.

Nun sind sicher nicht alle Hunde so wie Crosby, aber es ist wohl allen Hunden gemein, dass sie sich über Lob mehr freuen als über Tadel. Wurden sie für etwas gelobt, so merken sie es sich doppelt so gut als wenn sie für etwas bestraft wurden. Ganz wichtig ist dabei natürlich, dass den Hunden absolut klar ist, wofür sie soeben gelobt oder auch getadelt worden sind! Was glauben Sie, welche Fehler man hier machen kann...

Unsere Erziehungs-Philosophie

Wir haben uns aufgrund unserer Erfahrungen unsere eigene Erziehungsweise ersonnen, mit Hundetrainern besprochen und verfeinert und schließlich daraus unsere Philosophie gemacht: Das Gentle Dog Guiding.

Gentle Dog Guiding bedeutet „den Hund behutsam führen" – das ist unser Prinzip geworden. Wir lehnen Gewalt in der Hundeerziehung ab, weil wir wollen, dass der Hund über positive Bestärkung lernt und nicht über negative Einschüchterung. Dieser Ansatz ist ein ganzheitlicher Ansatz, das heißt, wir sehen den Hund, seine Menschen, deren Lebensumfeld und alle weiteren äußeren Einflüsse als Gesamtheit. Diese Gesamtheit muss in der Hundeerziehung stets im Auge behalten werden, alle Faktoren des Systems üben mehr oder weniger Einfluss auf das Verhalten des Hundes aus.

Positive Bestärkung ist vergleichsweise anstrengend und langwierig, aber es lohnt sich! Als wir anfangs mit Crosby in einer „klassischen“ Hundeschule waren, konnte man in seinen Augen dann und wann Angst erkennen. Ich weiß nicht, ob Sie das mal beobachtet haben, wenn Ihr Hund Angst in seinen Augen hat – ich fand das schrecklich! Wir haben uns dann gesagt: Es kann doch nicht sein, dass der Hund Angst empfindet, wenn er in die Hundeschule geht. Und es kann doch auch nicht sein, dass wir uns unwohl fühlen, wenn wir mit ihm in die Hundeschule gehen! Also haben wir es dort gelassen und uns anders orientiert. Wir wollen, dass unser Hund mit Freude lernt und lebt, entspannt und weltoffen ist und nicht von Ängsten und Neurosen geschüttelt wieder nach Hause kommt.

Die wichtigsten Eckpunkte unserer Erziehungs-Philosophie sind:

- Der Hund lernt mit Freude, wenn er positive Bestärkung erfährt, sobald er etwas richtig gemacht hat.

- Körperliche Gewalt kommt nicht zum Einsatz, ein lautes Wort, ein korrigierender Ruck an der Leine (wohldosiert!) oder Ignorieren sind die Mittel der „Bestrafung“.

- Konsequenz ist ein Schlüsselfaktor für die gelungene Erziehung. Setzen Sie Ihre Befehle durch, bestehen Sie immer auf deren Einhaltung.

- Geduld ist die Tugend der Könige. Erwarten Sie nicht zu viel, dann werden Sie auch nicht enttäuscht sein. Belohnen Sie Ihren Hund auch bei den kleinsten Fortschritten.

- Seien Sie souverän und nachsichtig – ein Rudelführer (und das sollten Sie sein!) flippt nicht gleich aus, wenn ihm mal etwas auf die Nerven geht, sondern er lässt zunächst Gelassenheit und Nachsicht walten. Bleiben Sie ruhig, haben Sie Geduld, strahlen Sie Ruhe und Überlegenheit aus – Ihr Hund wird das genau merken!

- Erziehen Sie Ihren Hund so, wie es Ihr Alltag zulässt! Entscheidend ist weniger, was Sie in den 14 Tagen Urlaub, die Sie am Anfang hatten, mit dem Hund alles anstellen, sondern das, was Sie in den folgenden 15 Jahren mit Ihrem Hund tun!

- Gestehen Sie sich und Ihrem Hund zu, dass Sie keine Maschinen, sondern Lebewesen sind, die ihre Tagesform haben – niemand ist immer perfekt!

Spielen will gelernt sein, wenn es etwas nützen soll

Mit einem Welpen zu spielen gehört wohl zu den schönsten Dingen, die man sich als Hundebesitzer vorstellen kann! Es ist wunderschön zu beobachten, wie der kleine Hund mit jedem Schritt, den er wagt, seine Unsicherheit immer mehr verliert, wie er sich freut, wenn ihm etwas Neues, Tolles gelungen ist und wie er sich seinem neuen Frauchen und Herrchen schrittweise mehr und mehr anvertraut.

Spielen heißt für den Hund, seine Umgebung zu erkunden, seine Verhaltensweisen zu erproben, Regeln zu begegnen und seine Sinne auszubilden. Spielen ist also für den Hund unverzichtbarer Bestandteil seiner Entwicklung. Und es gehört ganz entscheidend mit zu einer erfolgreichen Erziehung. Es liegt dabei in unserer Hand, den Hund spielerisch an ein Zusammenleben mit uns und seinen Artgenossen heranzuführen.

Zerrspiele - richtig oder falsch!?

Tja, hier streiten sich die Gelehrten... Die einen sagen, es fördert das Dominanzverhalten oder sogar die Agressivität, die anderen meinen: is cool. Die einen sagen: Du musst immer gewinnen, damit der Hund kein Oberwasser kriegt! Die anderen sagen:Lass ihn ruhig mal gewinnen – das machen die Alphatiere im Rudel auch so. Hätten wir das auch geklärt.

Der Teddy ohne Augen und Nase
Crosbys Liebling – sein Teddy. Augen und Nase waren bereits nach wenigen Tagen rückstandslos entfernt, mittlerweile auch ein Arm. Armer Teddy. Aber so grausam ist Mutter Natur eben.

Was wir dabei falsch gemacht haben

Wir haben den Fehler gemacht, bestimmte Verhaltensweisen, die Crosby an den Tag gelegt hat, nicht von Anfang an sanft, aber konsequent zu unterbinden. Beispielsweise das spielerische Knabbern an unseren Händen: Crosby fand es – wie vermutlich viele Hunde – toll, beim Streicheln an unseren Fingern zu knabbern und nach unseren Händen zu schnappen. Es ist ja wohl aus Hundesicht toll, wenn sich genau vor dem Gesicht viele kleine Finger bewegen, die viele interessante Bewegungen ausführen und sich nicht wehren, wenn man sie mal probieren möchte!
Welpen haben einen natürlichen Drang, alles mit den Zähnen zu bearbeiten, dies legt sich erst, wenn sie den Zahnwechsel vollzogen und ihre Milchzähne verloren haben. Durch das Kauen auf irgendwelchen Gegenständen schüttet ihr Körper Hormone aus, die den Vorgang des Zahnens angenehmer machen, sagen die „Gelehrten“.

Den Hunden ist es dabei ziemlich bis völlig egal, ob diese Gegenstände nun Finger, Möbel, Spielzeug oder sonstige Dinge sind! Und eines können wir Ihnen sagen: Welpenzähne sind verdammt spitz! Also: Wenn Ihr Hund an Ihnen nagen will, lassen Sie ihn mit einem klaren NEIN wissen, dass Sie dies nicht toll finden. Aber: Bieten Sie ihm auch eine Alternative, damit er seinem Drang nachkommen kann - das ist ganz wichtig.

Statt Finger ...
Papier tut's auch! Hier haben wir Leckerlis in Packpapier eingewickelt und der Bestie zum Fraß hingeworfen – ein toller Spaß für Crosby, der ihn erstmal beschäftigt.

Kartonspiele

Wir haben damals einfach Kartons aus Pappe genommen, die wir Crosby hingestellt haben. Sie glauben gar nicht, mit welcher Inbrunst so ein kleiner Kerl einen ganzen Bananenkarton in tausend Schnipsel zerlegen kann! Wenn Sie noch einen zusätzlichen Spaßfaktor in diese Aktion einbauen möchten, so können Sie beispielsweise Leckerlis in dem Karton verstecken und den Karton mit zusammengeknülltem Zeitungspapier ausfüllen. Sie

werden sehen: Das beschäftigt Ihren Hund erst mal eine ganze Weile. Die Kehrseite der Medaille besteht allerdings darin, dass der Hund fortan meinen könnte, dass nunmehr jeder Karton und jede Zeitung zur Zerstörung freigegeben sind! Doch keine Panik: Es ist schon möglich, dem Hund klarzumachen, dass nur solche Kartons und Zeitungen zerstört werden dürfen, die Sie auch dafür freigeben!
Crosby zumindest wusste während dieser Zeit ganz genau, wann er einen Karton oder eine Zeitung vernichten durfte und wann nicht. Das mag erstaunlich klingen, aber es war so! Wir haben zu keiner Zeit während seiner Welpenphase irgendeinen Gegenstand aus unserer Wohnung extra weggestellt und sind damit im Großen und Ganzen ganz gut gefahren. In meinem Werbebüro stehen viele Kartons und Druckwerke – er hat nichts davon jemals beschädigt.

Im Auge behalten!

Der Grund hierfür ist sehr einfach: Wann immer Crosby sich einem Objekt in zerstörerischer Absicht näherte, haben wir ihn sofort konsequent mit einem klaren NEIN davon abgehalten, Schaden anzurichten. Soll heißen: Behalten Sie Ihren Hund im Auge. Sobald er etwas unternimmt, was Sie nicht möchten, weisen Sie ihn mit einem klaren NEIN zurück. Sie müssen dabei übrigens nicht schreien - normaler Tonfall reicht völlig aus. Ihr Hund ist nicht taub! Bei den Gegenständen, die wir zur Zerstörung freigegeben haben, haben wir jeweils ein klares HIER, CROSBY, NIMM erteilt und dabei den Gegenstand berührt, daran gekratzt oder sonstwie die Aufmerksamkeit des Hundes auf den Gegenstand gelenkt.
Es sei an dieser Stelle allerdings nicht verschwiegen, dass wir dann doch den ein oder anderen Fehler gemacht haben: Eines schönen Tages dachte ich mir, es könnte doch für den Hund auch mal was anderes sein, ein Blatt von einer Küchenrolle zu zerfleddern. Also gab ich ihm eines, in das ich vorher ein Leckerli eingewickelt hatte. Crosby machte sich auch sogleich daran, das Papier zu zerstören und das Leckerli herauszufischen. Was ich damit allerdings angerichtet hatte, wurde mir einige Wochen später klar. Ich hatte ihm gezeigt: Küchenrollen zerfleddern ist ok. Als wir ihn dann einmal für einige Zeit allein in unserem Haus ließen, ist er in die Küche gewandert, hat dort ganz vorsichtig (ohne etwas anderes umzustoßen) eine

Küchenrolle von einem Servierwagen gezogen und in einem Zerstörungsrausch die ganze Rolle in Myriaden von Einzelteilen zerlegt, die er über die ganze Wohnung verteilte.
Das Gleiche galt übrigens auch für Klopapierrollen – hier war ihm die Transferleistung von einer leeren Klopapierrolle (darfst du zerstören) zu einer vollen Rolle (darfst du nicht zerstören) nicht beizubringen. Wann immer wir also eine Toilettentür offenließen (das machen wir heute nicht mehr) schlich sich Crosby in den Raum, zog vorsichtig die Rolle aus der Halterung (Ich habe das einmal beobachtet – ein Bild für die Götter, wie vorsichtig er hierbei vorgegangen ist!), um sie anschließend genüsslich zu vernichten.

Was ist mit den Schuhen?

...werden Sie an dieser Stelle vielleicht fragen. Man hört ja immer wieder, dass Hunde mit Vorliebe die Schuhe der Familie zerkauen. Klar tun sie das – wenn man sie lässt! Also: Packen Sie die Schuhe weg. Und wann immer Sie Ihren Hund dabei ertappen, dass er sich an Ihren Schuhen zu schaffen macht: Weisen Sie ihn mit einem klaren NEIN zurück oder – wenn er bereits einen Schuh im Maul hat - sagen Sie NEIN AUS und nehmen ihm den Schuh weg. Wichtig ist, genau wie bei allen anderen Dingen, dass Sie Ihren Hund bei seiner Missetat erwischen und ihn im Moment der Zuwiderhandlung klar und konsequent maßregeln. Auch hier gilt: Schreien ist out – Ihr Hund ist nicht taub. Zeigen Sie ihm einfach, dass Sie dieses Verhalten nicht wollen.
Es nützt im übrigen wenig, dem Hund einen alten Schuh zu geben und dann zu erwarten, dass er Ihre anderen Schuhe in Ruhe lässt. Sie müssen ihm dann schon klar sagen, dass er nur den alten Schuh zerkauen darf. Und das geht nur, wenn Sie ihn dabei erwischen, wie er einen anderen Schuh bearbeitet, und ihm dieses klar verbieten.

Was soll er denn nun spielen?

Hier gehen die Meinungen der „Gelehrten" weit weit auseinander. Die einen sagen: Mach keine Zerrspiele, das fördert die Agressivität des Hundes! Die anderen sagen: Mach ruhig Zerrspiele, aber achte darauf, dass du stets gewinnst, damit der Hund kein Oberwasser bekommt und sich für den Chef

hält! Wieder andere sagen: Macht ruhig Zerrspiele, damit der Hund seine Energien abladen kann. Aha ... wieder ein Stückchen schlauer!
Crosby liebt beispielsweise das hier gezeigte Spielzeug – ein Ball an einer Kordel. Kann man hervorragend werfen, Crosby muss es holen und vor uns ablegen. Er ist geradezu vernarrt in dieses Ding! Dementsprechend sieht es auch aus. Lecker ist übrigens, wenn er das Spielzeug zehn Mal geholt hat! Es ist dann mit einer glitschigen Speichelmasse, vermengt mit Erdkrümeln, bedeckt und dementsprechend schwierig in die Jackentasche zurückzustecken.

Beardies wollen beschäftigt sein

Ein Hund – und ganz besonders ein Beardie – will beschäftigt sein. Das wussten wir vorher und wir dachten auch, uns darauf eingestellt zu haben. In der Tat läuft es auch gar nicht so schlecht, es brauchte lediglich einige Zeit, um festzustellen, wie wir Crosby angemessen beschäftigen konnten, ohne dass wir dafür unsere Jobs aus Zeitmangel aufgeben mussten!

Was heißt das alles? Ganz einfach: Alles, was Sie nicht wollen, müssen Sie Ihrem Hund klar und konsequent verbieten. Alles, was Sie Ihrem Hund klar und deutlich erlauben, sollten Sie auch so anzeigen, etwa mit NIMM. Ihr Hund ist sehr wohl in der Lage, dürfen und nicht-dürfen in dieser Form zu unterscheiden, Sie müssen ihn eben in der ersten Zeit permanent im Auge behalten – das lohnt sich wirklich und erspart Ihnen später viel Mühe und

Stress. Und bitte vergessen Sie nicht, dem Hund Alternativen anzubieten, damit er in den ersten Monaten seinem Kaudrang nachkommen kann! Sie müssen seine Bedürfnisse kanalisieren – dem Hund ist es egal, worauf er herumkaut, Hauptsache, er kann seinem Drang nachkommen! Sie sehen: Spielzeug muss nicht teuer sein. Ein einfacher Karton, eine Küchenrolle, eine leere Klopapierrolle reichen aus. Empfehlenswert ist es ferner, die ersten Monate einfach auf Schlaf zu verzichten, damit Sie Ihren kleinen Missetäter stets auf frischer Tat ertappen können. Keine Angst: Der Schlafentzug ist nur die ersten zwei, drei Tage hart, danach wandeln Sie automatisch wie ein Zombie durch die Wohnung und verrichten Ihre täglichen Dinge!

Aus dem Hintergrund müsste Rahn schießen...
Ideen sind gefragt! Da stand eine Torwand auf unserem Sportplatz – und schon hatten wir eine tolle Übung für Crosby! Am oberen Loch arbeiten wir noch...

Grundkommandos: Was Hänschen nicht lernt…

Was will man von einem Hund? Genau! Man will, dass er freudig und ohne zu mucken genau das ausführt, was man ihm sagt. Und zwar immer und gleich beim ersten Mal!
Damit hätten wir das Ziel schon mal definiert. Fragt sich nur noch, wie man das hinbekommt. Wir hatten uns, wie bereits beschrieben, entschieden, die Erziehung unseres Hundes ohne Gewalt durchzuführen – mit viel Geduld, Liebe und Ruhe.
Schöner Vorsatz, nicht? Was wir allerdings nicht so ganz auf der Rechnung hatten, war das Thema Konsequenz. Und genau dieses Thema – Sie ahnen es vermutlich – stellte sich im Nachhinein als eines der wichtigsten Themen in unserer Hundeerziehung heraus!

Und wieder: Schlüsselwort Konsequenz

Ich muss ganz ehrlich zugeben, dass ich zwar zigfach gelesen hatte, dass es von größter Wichtigkeit sei, in der Hundeerziehung konsequent zu handeln, aber ich habe die Bedeutung dieser Aussage monatelang nicht wirklich verstanden.
Wir beschäftigten uns also zunächst mit den sogenannten Grundkommandos SITZ, PLATZ, KOMM, BLEIB, NEIN, AUS, HIER, SCHAU und FUSS. Sie sind aus meiner Sicht die wichtigsten Kommandos, die ein Hund unbedingt können sollte.
Man möchte nun meinen: Die paar Befehle – kann doch nicht so schwer sein, die dem Hund beizubringen! Man muss es ihm nur oft genug sagen und immer, wenn er es richtig macht, gibt es ein Leckerli zur Belohnung – fertig. So dachten auch wir. Wen wir dabei nicht auf der Rechnung hatten, war wieder mal Crosby! Der hatte nämlich bisweilen gar kein Interesse an dem, was wir ihm sagten, weil andere Dinge gerade viel interessanter waren als unser Geplapper.
Was haben wir gemacht? Immer und immer wieder den Befehl gerufen, wild in der Luft mit Leckerlis rumgefummelt und uns gewundert, dass er nicht gehorcht hat. Heute – in der Weisheit der Alters und gesegnet mit unschätzbaren Erfahrungen – wissen wir: Was waren wir für Stümper! Wenn

wir uns schon dafür entschieden hatten, dem Hund keinen Klaps zu geben, wenn er nicht spurt, was hatten wir uns denn für eine Alternative überlegt? Um es kurz zu machen: Keine. Wir dachten: Wenn wir nur lieb und anständig zu unserem Hund sind, dann wird er es uns schon danken, indem er uns einfach so gern gehorcht. Tat er aber nicht.

Immer die gleichen Befehle

Also wieder Bücher gewälzt und erfahrene Hundebesitzer gefragt, und siehe da: Eine der Fragen war: „Benutzt ihr eigentlich immer die selben Befehle, wenn ihr Crosby ansprecht?“ Wie denn, wo denn, was denn? Wenn ich wollte, dass Crosby zu mir kommt, dann habe ich halt KOMM oder HIER oder CROOOOOSBY gerufen, manchmal auch so was wie KOMM MAL HER HIER oder auch KOMM SOFORT MAL HIER HER, gelegentlich zugegebenermaßen auch LOS JETZT REICHTS, KOMM SOFORT HIER HER, SONST GIBT´S ÄRGER!

Ein entspannter Spaziergang
Gut, es mag hier auf den ersten Blick so aussehen, als ob Crosby mit mir spazieren geht statt umgedreht – aber der Eindruck täuscht! Ich hatte die Situation voll unter Kontrolle. Wie Sie sehen, bewege ich mich souverän und entspannt und auch Crosby geht locker an der Leine. Er war hier vielleicht etwas (!) abgelenkt, weil ein Radfahrer des Weges kam – aber warum musste der auch ausgerechnet auf Crosbys Lieblingsweg rumradeln? Uns traf jedenfalls keine Schuld.

Treckeralarm...
Hier sehen Sie das Kommando FANG DEN TRECKER UND TÖTE IHN – zum Schutz des Treckers allerdings an der Kurzleine ausgeführt.

Rückblickend muss ich dann wohl einräumen, dass es möglicherweise manchmal so gewesen sein könnte, dass wir nicht immer denselben Befehl für eine gewünschte Handlung gegeben haben könnten. Aber ein bisschen Transferleistung kann man doch wohl auch von einem Hund erwarten! Spaß beiseite! Die Grundregel muss natürlich lauten: Gib deinem Hund immer denselben Befehl für dieselbe gewünschte Handlung. Daran muss man sich gewöhnen, obwohl es so simpel klingt. Wichtig ist außerdem, dass auch Frauchen und Herrchen jeweils genau dieselben Befehle verwenden. Wir haben teilweise erst nach Monaten festgestellt, daß wir manches Mal unterschiedliche Befehle verwendet haben, wenn wir dieselbe Handlung vom Hund abrufen wollten! Man tut also gut daran, sich erstmal klar zu machen, welche Befehle man geben will und was man dabei vom Hund erwartet. Dann klappt´s auch mit dem Folgen...

NEIN, AUS, PFUI

Der wichtigste und schönste Befehl von allen ist NEIN. NEIN bedeutet nein. Der Hund soll, was immer er gerade macht, sofort damit aufhören – noch besser, er soll gar nicht erst damit anfangen! Beispiel: Der Hund fixiert einen Hundehaufen, das Wasser läuft ihm im Mund zusammen und er ist just dabei, seine Zähne in die leckeren Exkremente seines Artgenossen zu schlagen. Jetzt ist der Moment für NEIN gekommen!

NEIN!
Wenn nicht hier NEIN, wann dann? Crosby liebt es, Spaziergänger intensiv zu begrüßen, insbesondere auf „seinen" Wegen! Zumal dann, wenn die Spaziergänger ihn auch noch aufmunternd ansprechen...

Haben Sie genau diesen Moment verpasst (wie ich so oft...) und der kleine kaut bereits genüsslich auf seinem Fund herum, so ist hier der Befehl AUS angebracht. AUS heißt: Lass das, was du im Maul hast, sofort aus dem selben fallen. Zur Unterstreichung des Befehls habe ich übrigens mal von einem kleinen Schneeball Gebrauch gemacht, den ich Crosby vorsichtig auf den Allerwertesten geworfen habe... wirkt Wunder und tut nicht weh. Auch gern genommen in diesem Zusammenhang ist PFUI. PFUI verwenden wir eigentlich auch, um Crosby davon abzuhalten, etwas aufzunehmen, von dem wir nicht wollen, dass er es probiert.

FEIN

AUS, NEIN und PFUI sind wohl die häufigsten Befehle, die man seinem Hund im ersten Jahr gibt! Aber jetzt kommt´s: Diese Befehle sind erst dann richtig effektiv, wenn sie von einem Lob gefolgt werden, das wir dem Hund geben, wenn er sich korrekt verhält! Das heißt: Lässt er den Hundehaufen aus seinem Maul fallen, so loben wir ihn mit dem allerwichtigsten Befehl bzw. der allerwichtigsten Äußerung, die wir haben, nämlich FEIN! FEIN heißt: Hast du richtig gemacht – dafür gibt es sofort ein Leckerchen! Warum tun wir das? Richtig: Wir haben verstanden, dass der Hund am besten über eine sogenannte positive Bestärkung lernt! Soll heißen, er prägt es sich viel stärker als durch jede Bestrafung ein, wenn er für etwas belohnt wird, das er richtig gemacht hat. Das bedeutet beispielsweise auch, dass wir den Hund immer dann loben, wenn er zufällig mal entspannt an der Leine geht, ohne zu ziehen! Er soll praktisch merken: „Oh, jetzt habe ich mich wohl so verhalten, wie es mein Rudelchef bzw. meine Rudelchefin von mir erwartet“. Mit NEIN und FEIN können Sie schon unwahrscheinlich viel erreichen bei Ihrem Hund. Von daher unser Tipp: Sparen Sie nicht mit FEIN, wann immer Ihr Hund etwas richtig macht – das macht sich wirklich bezahlt!

Die Zauberformel: positive Bestärkung plus Leckerlis

Die sogenannte positive Bestärkung funktioniert am besten mit der Unterstützung durch Leckerlis. Leckerlis wirken Wunder! Wir nehmen beispielsweise Käsestückchen oder Würstchenscheiben. Diese Leckerlis erhält Crosby ausschließlich dann, wenn er etwas richtig gemacht hat. Ansonsten gibt es nur Trockenfutter. Ausnahme: Gelegentlich gibt es ein Schweineohr, zum Beispiel, wenn wir das Haus verlassen, dann ist er erstmal eine Weile damit beschäftigt, das Ohr zu vertilgen ...
Mit NEIN und FEIN können wir zwar vieles erreichen, aber nicht alles. Es gibt einige weitere Befehle bzw. Äußerungen, die wir ebenfalls in unser Grundrepertoire aufnehmen sollten, um den Hund in den Grundzügen zu erziehen. Auf diese Grundkommandos wollen wir im Folgenden eingehen.

Non plus ultra – das Würstchen
Crosby würde töten, um an eine Scheibe Würstchen zu kommen. Ein Umstand, den wir zu nutzen wissen ...

SITZ

SITZ heißt: Der Hund soll sich genau dort, wo er gerade ist, hinsetzen. Es war eigentlich gar nicht so schwer, Crosby dazu zu bewegen, SITZ zu machen. Wir haben ihm einfach ein Leckerli vor die Schnauze gehalten, dieses über seinen Kopf hinweg in Richtung Rute nach hinten geführt und – schwupps – der Hund setzt sich hin, um seinen Kopf besser in Richtung Leckerli bringen zu können.

SITZ in Vollendung
So soll es sein: Crosby sitzt an lockerer Leine und schaut erwartungsvoll in Richtung Herrchen. Geht doch!

Kaum hatte er gesessen, haben wir ihn überschwenglich mit FEIN, SITZ, FEIN gelobt und ihm das Leckerli gegeben. Das hatte er schon nach ein paar Mal raus – wahrscheinlich ist das bei den Hunden langsam schon im Zuge des jahrtausendelangen Zusammenlebens mit uns Menschen in den Genstamm übergegangen...

PLATZ

PLATZ heißt: Der Hund soll sich genau dort, wo er gerade ist, hinlegen. Hierfür haben wir das Leckerchen wie eben beschrieben zunächst über seinen Kopf nach hinten geführt, so dass er sich setzen musste, wenn er es erwischen wollte. Saß er einmal, haben wir das Leckerchen vor seiner Schnauze nach unten geführt, so dass er zwangsweise in die Platz-Position wechseln musste, wenn er es erreichen wollte. Lag er dann wie gewünscht, haben wir ihn mit PLATZ FEIN! gelobt und ihm natürlich das Leckerchen gegeben.

PLATZ! *Hochkonzentriert legt sich Crosby ab. Oder ist er nach einem opulenten Mahl einfach zusammengesunken?*

KOMM

KOMM heißt: Der Hund soll in meine Richtung kommen, wobei es ihm freigestellt ist, sich dann hinzusetzen, abzulegen oder neben mir zu gehen. KOMM ist wohl mit der wichtigste – und leider auch der schwierigste – Befehl, den Crosby kennen sollte. Was für ein Akt, ihn wirklich verlässlich abzurufen! Wenn Ablenkung da ist (andere Hunde, Passanten, Vögel, Jogger usw.), denkt er an alles, aber nicht ans Kommen. Ob wir es jemals schaffen werden? Ich weiß es nicht. Wir halten Sie auf dem Laufenden. Wie heißt es so schön? Die Hoffnung stirbt zuletzt!

KOMM!
Crosby fragt sich: Wieso kommen? Stimmt was nicht!? Ich bin doch gerade hier am Gucken und jetzt soll ich kommen? Warum? Also wirklich! Das hätte ich jetzt nicht von euch gedacht...

BLEIB

BLEIB heißt: Der Hund soll genau dort bleiben, wo er ist, sei es im Liegen, im Stehen oder in der Sitz-Position. Ein Befehl, den wir – wie auf der nächsten Seite zu sehen – gern einsetzen, wenn wir z.B. nicht wollen, dass Crosby einfach so aus der Haustüre läuft. Er soll in der SITZ-Position bleiben, bis wir aus dem Haus sind und dann als letzter das Haus verlassen. Hintergrund dieser Aktion ist es, dem Hund klarzumachen, dass zuerst die Chefs (Herrchen und Frauchen) den Bau verlassen und dann erst der Hund. Wir geben an, wann es rausgeht und wohin!
Dieses BLEIB setzen wir mittlerweile mit aller Konsequenz durch – sollte Crosby voreilig aufstehen oder gar loslaufen wollen, korrigieren wir ihn sofort, indem wir ihn mit einem scharfen HIIIER! wieder auf den Ausgangsplatz holen. Dann fordern wir ihn erneut auf, sich zu setzen, und

geben ihm wieder das Kommando BLEIB. Manchmal müssen wir diese Prozedur mehrfach wiederholen, aber es hilft nichts: Er muss akzeptieren, dass wir zuerst das Haus verlassen!

BLEIB in der Praxis
Crosby muss bleiben und warten, bis ich die Wohnung als Erster verlassen habe, dann darf er gehen.

HIER

HIER heißt: Der Hund soll sich mit dem Gesicht zu Frauchen oder Herrchen direkt vor die Füße setzen. HIER ist sehr wichtig, ermöglicht es uns doch, den Hund aus jeder Situation verlässlich abzurufen und zu uns zu bringen. Crosby – neugierig wie er ist – muss dann allerdings erst doch noch mal schauen, was da so los ist – Leckerchen hin oder her! Beardies sind einfach fürchterlich neugierig und im Laufe unseres verflixten ersten Jahres haben wir hart daran gearbeitet, ihm HIER beizubringen...

So sieht HIER aus.
Der Hund setzt sich direkt vor Frauchen und sieht sie erwartungsvoll an, ohne sich durch irgendetwas ablenken zu lassen. Naja, daran arbeiten wir noch...

SCHAU

SCHAU heißt: Der Hund soll Blickkontakt mit dem Rufenden aufnehmen. Der Grund hierfür ist, dass wir die Aufmerksamkeit des Hundes auf uns lenken wollen. Dies ist wichtig, um den Hund von einer eventuellen Ablenkung abzubringen und ihn empfänglich für unsere Befehle zu machen. Dieser an und für sich simple Befehl hat es in sich! Bei unserem Crosby ist es bis heute schwer, ihn aus einer Situation, in der er abgelenkt ist, dazu zu bringen, uns sofort anzuschauen. Er ist halt ein fürchterlich neugieriger Zeitgenosse, der alles und jeden zunächst einmal mustern muss, bevor andere Dinge seine Beachtung finden! Gelegentlich – eigentlich sogar ziemlich oft – müssen wir unsere Stimme erheben, um den feinen Herren dazu zu bewegen, uns gnädigst eines vorübergehenden Blickes zu würdigen... Aber wie bereits des öfteren gesagt: Geduld ist die Tugend der Könige. Dann und wann wird diese Tugend allerdings auf eine harte Probe gestellt!

SCHAU!
Mehr SCHAU geht nicht! Auf diesem Foto sehen Sie die perfekte Zusammenarbeit zwischen Mensch und Hund. Das Ergebnis jahrelangen harten Trainings – konsequent und professionell durchgeführt! Zugegeben: Wir haben in einer relativ reizarmen Gegend geübt... Ferner zugegeben: Crosby hat einige Minuten später Fahrradfahrer und Fußgänger volles Programm angekläfft und wollte hinterherjagen... Aber wenigstens bei diesem Bild könnte man sagen: So ist es richtig!

FUSS

FUSS heißt: Der Hund soll links neben Frauchen oder Herrchen laufen. Ein elementarer Befehl, den Crosby immer dann beherrscht, wenn er Hunger hat (schließlich gibt es Leckerlis, wenn er es richtig macht!) oder wenn gerade mal keine Ablenkung vorhanden ist...

Weitere Kommandos: Was Hans lernen kann ...

Neben diesen Grundkommandos gibt es natürlich zahlreiche weitere Kommandos, die man einführen kann. Wir haben uns eine kleine Anzahl von weiteren Befehlen ausgedacht, die wir für sinnvoll halten. Wir möchten Sie Ihnen kurz vorstellen:

OK

OK löst einen Befehl auf. Beispiel: Der Hund muss auf seiner Decke liegen. Mit OK weiß er, er kann jetzt aufstehen und sich frei bewegen. Crosby springt dann auf und freut sich jedesmal über seine soeben gewonnene Freiheit – um sich oft nur einen Meter weiter wieder hinzulegen ...

NIMM

NIMM heißt: Du darfst den Gegenstand in den Fang nehmen. Beim Futter beispielsweise muss er zunächst sitzen und darf erst nach dem Befehl NIMM zum Napf gehen und fressen. Das klappt auch sehr gut.

ZURÜCK

ZURÜCK bedeutet: Er soll auf derselben Höhe gehen wie wir und nicht vorneweg laufen. Dieser Befehl war nicht ganz so einfach. In der Hundeschule hat man uns beibringen wollen, immer einen Fuß vor den Hund zu setzen, wann immer er an uns vorbeigehen wollte. Wir hatten damit allerdings unsere Schwierigkeiten.

AUF DIE DECKE

Crosby sollte lernen: Immer wenn es an der Haustür klingelt, muss er sich auf seine Decke legen und dort bleiben, bis der Befehl aufgelöst wird. Warum? Es gibt Zeitgenossen, die es stört, wenn ein noch nasser und dreckiger Hund an ihrer sauberen Sonntagskleidung hochspringt ... Jetzt könnte man diesen pingeligen Personen natürlich vorwerfen, dass sie selber Schuld sind, wenn sie sich in ihren besten Zwirn hüllen, um uns besuchen, obwohl sie ja genau wissen, dass wir einen Hund haben. Aber die Praxis zeigte, dass diese Verhaltensweise unsererseits die Anzahl unserer Besucher nicht gerade förderte! Außerdem ist es in gewisser Weise problematisch, wenn kleine Kinder zu uns zu Besuch kommen: Wenn Crosby diese kleinen Zeitgenossen fröhlich anspringt, kippt der oder die eine dabei schon mal um – und glauben Sie uns: Umgekippte, brüllende Kinder, die fortan Angst vor Hunden haben, wirken sich ebenfalls nicht gerade förderlich auf Ihre Besucherstatistik aus.. Ergo ist es doch besser, der Hund sitzt auf seiner Decke und bleibt dort auch, bis wir ihm sagen, dass er sich jetzt wieder frei bewegen darf.

Irgendwann lernt's jeder

Ich muss sagen, dass dieser Befehl eigentlich recht einfach zu trainieren war: Wenn es klingelte, haben wir erst mal gar nicht sofort reagiert, sondern sind ganz langsam aufgestanden. Crosby stand natürlich längst an der Tür. Dann haben wir dem Besuch durch die Tür zugerufen: „Moment bitte, komme gleich!". Statt dann zur Tür zu gehen, gingen wir zur Hundedecke und riefen Crosby heran: „Crosby, komm, auf die Decke". Das hat am Anfang mäßig geklappt und bedurfte einiger Geduld. Wenn er dann auf seiner Decke angekommen war, haben wir ihn ins Sitz gebracht und dann ganz doll gelobt. Jetzt gaben wir ihm das Kommando BLEIB und sind zur Tür gegangen. Die ersten 1987 Mal ist Crosby dann sofort wieder aufgesprungen und an uns vorbei zur Tür gelaufen. Was haben wir gemacht? Sehr richtig: Wir sind 1987 Mal umgekehrt, in aller Ruhe wieder zur Hundedecke gegangen und haben ihn erneut herangerufen – eine endlose Prozedur! Man hat förmlich gemerkt, wie Crosby dabei dachte: „Seid ihr so blöd oder tut ihr nur so? ES HAT GEKLINGELT! WOLLT IHR DENN GAR NICHT WISSEN, WER DA IST?"

Man muss sich heute wundern, dass kein Besucher einfach wieder gegangen ist, da es teilweise minutenlang gedauert hat, bis wir die Tür aufgemacht haben! Aber am Ende des Tages (in der Praxis: nach einigen Monaten) hat Crosby die Transferleistung vollbracht: „Aha: Wenn es klingelt, gehe ich besser sofort auf meine Decke und bleibe dort, sonst machen die Deppen nie die Tür auf und ich werde nie erfahren, wer uns jetzt besuchen will!" Mittlerweile rennt er förmlich auf die Decke, wenn es bimmelt, und bleibt zumindest so lange dort, bis der Besuch im Haus ist. Am Rest arbeiten wir noch.

STOP

STOP ist ein sehr nützlicher Befehl. Er bedeutet: Der Hund soll sofort stehenbleiben. Das ist zum Beispiel hilfreich, wenn man im Wald an der Langleine an eine Wegkreuzung gelangt und nicht einsehen kann, ob auf dem anderen Weg jemand kommt. Der Hund geht in diesem Moment 10 Meter voraus und soll anhalten, bis wir die Kreuzung erreichen. Diesen Befehl haben wir trainiert, indem wir Crosby beim Spazierengehen an der Kurzleine die Hand vor sein Gesicht hielten und den Befehl STOP gaben. Da Crosby recht schreckhaft ist, hat er auch sofort angehalten, wenn eine Hand vor seinem Gesicht auftauchte, und das mit dem Hörzeichen STOP in Verbindung gebracht. Immer, wenn er es richtig gemacht hat, gab es natürlich Leckerlis!

VORAN

VORAN bedeutet: Der Hund soll vorweg laufen, egal ob an der Kurzleine, an der Langleine oder ohne Leine. Wir geben dieses Hörzeichen in Verbindung mit einem Sichtzeichen, dass darin besteht, mit der Hand eine Bewegung in die gewünschte Laufrichtung des Hundes zu machen. Crosby hat dies sofort verstanden. Ich weiß nicht, warum.

LANGSAM

Man möchte denken: Das rafft er nicht – tut er aber doch. LANGSAM bedeutet: Der Hund soll sich der Lauf- bzw. Gehgeschwindigkeit des Menschen anpassen, was sich darin widerspiegelt, dass er nicht an der Leine zieht, sondern locker vorweg geht. Wir setzen diesen Befehl ein, wenn Crosby an der Langleine nach vorne sprintet und wir absehen können, dass er in die Leine laufen wird. Crosby versteht das Kommando und verringert seine Geschwindigkeit, so dass er nicht durch einen Ruck gebremst wird, sondern sachte den zunehmenden Widerstand der Langleine spürt. Wir sprechen hierbei das Kommando LANGSAM auch langsam aus! Klappt sehr gut.

SUCH

Etwas suchen fordert den Hund ungemein – viel mehr, als es lange Spazierstrecken können. Wir können Crosby mit intensiven Suchspielen wirklich gut auslasten, und das ohne viel Aufwand. So reicht es beispielsweise, ihm einige Leckerlis (wir nehmen dazu einfach Krümel seines Trockenfutters) auf den Rasen, die Terrasse oder seine Hundedecke zu streuen. Dann fordern wir ihn mit „SUCH die Leckerlis!“ auf, sie zu finden. Das beansprucht ihn intensiv und er ist erst mal beschäftigt. Sobald er etwas gefunden hat, bestärken wir ihn positiv, indem wir ihn überschwänglich loben.

Für ein Leckerchen stellt sich Crosby auch schon mal auf die Hinterläufe!

BRING

Mit diesem Kommando wollen wir den Hund dazu bringen, uns das, was er im Fang hat, unverzüglich zu bringen. Warum sollte er dies tun? Ein gutes Argument dafür ist, dass er etwas bringt, das er allein nicht öffnen kann, um an Leckerlis zu kommen. Wir nehmen hierzu einen Futterbeutel, den er bringen muss. Nachdem er ihn gebracht hat, öffnen WIR den Futterbeutel, um ihn daraus zu füttern – das klappt sehr gut.

Das war unser verflixtes erstes Jahr

Nun haben Sie also einen kleinen Einblick in unsere Denkweise erhalten. Sie stellt das Resultat unseres Zusammenseins mit Crosby im „verflixten ersten Jahr“ dar, aus dem sich eigentlich ganz automatisch unsere Philosophie ergeben hat. Einfach, weil wir eigentlich in keinem der vielen Bücher,

die wir gelesen haben, eine Methode finden konnten, die uns zu 100 % gefiel. Darum haben wir uns unsere eigene Methode ersonnen, maßgeschneidert auf Crosby und uns.
Die Übertragbarkeit dieser wie jeder Methode ist von daher immer mit Sorgfalt zu betrachten: Sie müssen Ihre Erkenntnisse, Ihr Lebensumfeld, Ihren und den Charakter Ihres Hundes in Ihre Überlegungen mit einbeziehen und sich dann – und wirklich erst dann – Ihr eigenes Bild machen.
Im übrigen ist es doch wirklich spannend, sich einen eigenen Weg zu bahnen - wir können Sie dazu nur ermutigen! Wenn Sie sich unseren Prinzipien anschließen mögen, nur zu! Entscheidend ist ja nicht, wie das Kind heißt, sondern ob Sie und Ihr Hund mit Ihrer Erziehungsmethode zurande kommen. Wir jedenfalls sind froh und zufrieden, einen Ansatz gefunden zu haben, den wir in unserem täglichen Arbeitsalltag auch umsetzen und leben können.

So, das war's fürs erste!

Das verflixte erste Jahr ist vorbei. Wir freuen uns auf das zweite Jahr mit unserem Kleinen! Wenn wir mal die ersten zwölf Monate Revue passieren lassen, so sind wir, glaube ich, mit drei verschlissenen Leinen, zwei ruinierten Teppichen, einer malträtierten Fernbedienung, einem verstümmelten Teddy und 274 Stunden Schlafentzug noch ganz gut davongekommen!

Ob wir uns dieses erste Jahr noch einmal genauso wünschen würden? Die Antwort lautet klar: JA! Das war sicher das spannendste Jahr, das wir bislang hatten! Gut, wir würden manches anders machen, aber Crosby fühlt sich wohl bei uns, und das ist die Hauptsache.

Unter uns: Wer würde sich nicht wohlfühlen bei Vollpension, einem eigenen Zimmer mit Revierblick, regelmäßiger Animation, einem umfangreichen Sport- und Spielangebot, zwei exklusiven Betreuern und kostenfreier medizinischer Versorgung? Hund müsste man sein!

So, liebe Leute!
Auch ich mache jetzt erstmal Pause! Wenn ihr mehr über mich und meine Menschen wissen möchtet, könnt ihr mich auch unter www.crosbygerling.de besuchen – ich würde mich freuen!

Zum Weiterlesen

Hilfreiche Bücher für (Erst-)Hundebesitzer von Kosmos

Blenski, Christiane: **Hunde erziehen, ganz entspannt**
Die Hundeschule mit Wohlfühl-Effekt. Schritt für Schritt werden die einzelnen Übungen erklärt, mit Spaß und guter Laune.

Fichtlmeier, Anton: **Grunderziehung für Welpen**
Die Erziehungsmethode, die mit nur zwei Worten auskommt! Ein freundliches „Ja" und ein grimmiges „Nein", in Verbindung mit einer klaren Körpersprache.

Führmann, Petra und Nicole Hoefs: **Das Kosmos-Erziehungsprogramm für Hunde**
Das erfolgreichste Buch zur Hundeerziehung. Hiermit kann jeder Hund zu einem fröhlichen und gehorsamen Gefährten erzogen werden.

Nijboer, Jan: **Hunde erziehen mit Natural Dogmanship®**
Mit Natural Dogmanship® wird der Hund seinen Veranlagungen entsprechend erzogen. Mensch und Hund gehen gemeinsam auf die Jagd, die Beute ist ein mit Futter gefüllter Leinenbeutel (Preydummy).

Schöning, Dr. Barbara und Martin Pietralla: **ClickerTraining für Welpen**
Erfolgreich erziehen von Anfang an – mit dem Clicker. Hier wird gezeigt, wie man den Lerneifer von Welpen nutzen kann.

Theby, Dr. Viviane: **Das Kosmos-Welpenbuch**
Das Begleitbuch für die wichtigste Zeit im Leben eines Hundes. Alles über Auswahl, Eingewöhnung, Pflege und Erziehung. Extra: Mit Geräusch-CD zur sanften Gewöhnung.

Register

Impressum

Umschlaggestaltung von eStudio Calamar unter Verwendung eines Farbfotos von JUNIORS/Ulrike Schanz (Vorderseite) und Heike Gerling (Rückseite).

Fotos: Andreas Jähnke (Innentitel, S.4, 5, 7, 9, 10, 11, 12, 17 oben, 62, 63, 64, 65, 66, 68, 75, 76, 77, 86, 105, 115, 117, 121, 130), Michael „Bo" Wittig (Seite 20, 22, 23, 29, 30, 31, 33, 34, 35, 36, 37, 48, 49, 52, 53, 54, 55, 57, 58, 59, 61, 69, 70, 71, 80, 89, 93, 99, 116, 120, 122, 124, 125, 126, 127, 128, 129, 131, 132, 134, 138, 139), alle weiteren Fotos von Kai Gerling.

Bibliografische Information der Deutschen Nationalbibliothek
Die Deutsche Nationalbibliothek verzeichnet diese Publikation in der Deutschen Nationalbibliografie; detaillierte bibliografische Daten sind im Internet über http://dnb.ddb.de abrufbar.

Alle Angaben in diesem Buch erfolgen nach bestem Wissen und Gewissen. Sorgfalt bei der Umsetzung ist indes dennoch geboten. Der Verlag und die Autoren übernehmen keinerlei Haftung für Personen-, Sach- oder Vermögensschäden, die aus der Anwendung der vorgestellten Materialien und Methoden entstehen könnten.

KOSMOS Postfach 10 60 11
D-70049 Stuttgart
TELEFON +49 (0)711-2191-0
FAX +49 (0)711-2191-422
WEB www.kosmos.de
E-MAIL info@kosmos.de

Gedruckt auf chlorfrei gebleichtem Papier

ISBN-13: 978-3-440-10648-8
ISBN-10: 3-440-10648-9
Projektleitung: Angela Beck
Redaktion: Claudia Salata
Gestaltung: Gerling Medienservice, Anja Rickert
Produktion: Kirsten Raue, Eva Schmidt
Printed in Germany / Imprimé en Allemagne